Christina Callori-Gehlsen
Georg Hüssler – Reisender in Sachen Nächstenliebe

LAMBERTUS

Christina Callori-Gehlsen

Georg Hüssler – Reisender in
Sachen Nächstenliebe

LAMBERTUS

*Wir danken Professor Dr. Theodor Hanf, Freiburg,
für die Durchsicht des Manuskripts.*

Bibliografische Information der Deutschen Nationalbibliothek

Die Deutsche Nationalbibliothek verzeichnet diese Publikation in der Deutschen Nationalbibliografie; detaillierte bibliografische Daten sind im Internet über http://dnb.d-nb.de abrufbar.

Alle Rechte vorbehalten
© 2015, Lambertus-Verlag, Freiburg im Breisgau
www.lambertus.de
Umschlaggestaltung: Nathalie Kupfermann, Bollschweil
Druck: Medienhaus Plump GmbH, Rheinbreitbach
ISBN: 978-3-7841-2705-7
ISBN ebook: 978-3-7841-2706-4

Inhalt

Georg Hüssler, erzählte Erinnerungen 7
Aufgezeichnet von Christina Callori-Gehlsen

1 Die Herkunft 13

2 Die Entscheidung 17

3 Der Anfang in Freiburg 23

4 Aufbau der katholischen Auslandhilfe in Deutschland 29

5 Generalsekretär 33

6 Mein erster großer Auslandseinsatz: Algerien 37

7 Die gewaltige Herausforderung im Vietnamkrieg 41

8 Wieder bei der Arbeit im Caritasverband 77

9 Biafra 81

10 Der Abschied 93

Georg Hüssler (1921–2013) 97

Namensregister 99

Bildnachweis 101

Die Autorin 103

*Die Autorin möchte Frau Mathilde Lang
für die Durchsicht Textes über Vietnam danken.
Sie war aktiv an den verschiedenen Projekten vor Ort beteiligt,
und konnte viele Punkte vertiefen und mit Informationen
bereichern.*

*Außerdem ist es ihr ein Anliegen,
Frau Maria Engesser zu erwähnen,
die die Arbeit von Dr. Hüssler sehr unterstützt hat
und ihn bis zum Schluss rührend umsorgte.*

Georg Hüssler, erzählte Erinnerungen

Aufgezeichnet von Christina Callori-Gehlsen

Mein Lebenslauf ist vergleichbar mit dem Lauf einer Sanduhr. Doch anders als bei dem herkömmlichen Stundenglas, hat sich das Wesen der Substanz, die nach der Verengung oder vielleicht besser nach dem Einschnitt weiterfließt, verändert. Wie es dazu kam, möchte ich kurz erzählen.

Ich beginne mit dem Einschnitt, also der Zeit, in der sich die Substanz zu verändern begann. Während des Zweiten Weltkrieges hatte ich als Medizinstudent bei der deutschen Wehrmacht Sanitätsdienst geleistet und kam im Ostfeldzug in Rumänien zum Einsatz. Die Situation hier war ähnlich grausam und katastrophal wie Anfang 1943 bei Stalingrad. Im August 1944 wurden die Deutschen schließlich von den Sowjetischen Truppen besiegt. Teile der rumänischen Armee liefen zu den Sowjets über und ich kam 1944 in Bukarest zuerst in rumänische und wenige Tage danach in russische Gefangenschaft. Die von den Russen gemachten Gefangenen wurden in langen Märschen nach Russland gebracht – nur die wenigsten haben überlebt. Mit ungeheurem Glück gelang mir die Flucht.

Ziemlich verloren und hilflos irrte ich durch Bukarest und gelangte in einen Park. Dort wandte ich mich spontan an eine vertrauensvoll wirkende Dame, die auf einer Bank saß. Es sind solche Momente im Leben, in denen man eine Entscheidung treffen muss, die alles zum Guten oder zum Schlimmen wenden kann. Ich hatte Glück, die Dame sprach deutsch – sie war eine rumänische Jüdin – und hat mich trotz allem nicht verraten, sondern weitergeholfen. Sie erklärte mir den Weg aus der Stadt dorthin, wo ich meine Flucht fortsetzen konnte. Erst im Nachhinein wurde mir bewusst, welchem menschlichen Großmut ich hier begegnet war.

Ein englisches Flugzeug brachte mich und andere versprengte Gestalten schließlich nach Süditalien, zuerst nach Bari und von dort nach Neapel in ein amerikanisches Gefangenenlager. Ich beabsichtigte jedoch nicht dort der Dinge zu harren, die sich ereignen würden. Ein Blick auf die Landkarte zeigte mir, dass ich mich südlich von Rom befand und dass der Weg dorthin auch zu Fuß zu bewältigen war – und machte mich auf den Weg.

> Google Maps berechnet unter normalen Bedingungen für den 224 km langen Fußweg von Neapel nach Rom 46 Stunden in militärischem Marschtempo. Vermutlich war der junge Georg Hüssler in dieser von den Kriegsereignissen gebeutelten Gegend mehrere Tage unterwegs. Einfach muss das Durchkommen als deutscher Kriegsgefangener nicht gewesen sein. Doch gewappnet mit jugendlichem Unternehmungsgeist und etwas Glück hat er es geschafft.

Am 7. November 1944 kam ich in Rom an und mein erstes Ziel war der Petersdom im Vatikan. Ich stand, 23 Jahre alt, vor der überwältigenden Basilika und suchte ein Schlupfloch durch das Gotteshaus in den Vatikan. Doch einen rückwärtigen Ausgang, den ich vermutet hatte, gab es nicht. Es blieb nur der Weg durch die Porta Carlo Magno, die von Schweizer Gardisten bewacht wurde.

Schweizergardisten an der Porta S. Carlo, die direkt zum Colleggio und Campo Santo Teutonico führt. Hier in der Nähe stand auch das Pförtnerhaus der Gardisten, die dem jungen Georg Hüssler den Zutritt zum Vatikan ermöglichten.

Noch heute muss ich bei der Erinnerung an dieses Erlebnis lachen. Der Dialog mit dem Gardisten, verlief etwa so: „Sind Sie deutscher Kriegsgefangener?" „Ja." „Haben Sie Hunger?" Das zweite „Ja" kam aus tiefster Brust. Der freundliche Gardist reichte mir wortlos ein Kochgeschirr mit einem Essen, wie ich es schon lange nicht mehr bekommen hatte und das mir ganz hervorragend schmeckte. Dann kam der Gardist auf die Idee vorbeigehenden deutschen Geistlichen und Schwestern zu sagen: „Da ist einer von Euch, der will hier rein!" Sie befragten mich. Ich stand Rede und Antwort und keine halbe Stunde später geschah das, was mir als ein Wunder erschien – ich war im Vatikan.

Was war passiert? Einer der Herren hatte den deutschen Botschafter beim Vatikan, Ernst von Weizsäcker, telefonisch über meine Anwesenheit informiert und dieser hatte Botschaftssekretär Sigismund von Braun gebeten, sich meiner anzunehmen und damit war der Weg frei. Ernst von Weizsäcker war deutscher Botschafter beim Heiligen Stuhl gewesen und nach der Besetzung Roms durch die alliierten Truppen am 4. Juni 1944 kurz unter Hausarrest gestellt worden. Etwas später wurde ihm gestattet in die Vatikanstadt zu übersiedeln. Für einige Tage war ich nun Gast des Ehepaares von Weizsäcker (ihr Sohn Heinrich war bereits im Krieg gefallen). Mit ihrem Sohn Richard, der damals noch im Krieg diente, verband mich eine lebenslange Freundschaft.

Georg Hüssler und Richard von Weizsäcker blieben ein Leben lang in Freundschaft verbunden. Hier begrüßt das Ehepaar von Weizsäcker Georg Hüssler beim Neujahrsempfang des Bundespräsidenten 1989.

Dann bekam ich nach einem Verhör im Zivilgericht ein Zimmer in der Kaserne der Päpstlichen Gendarmen zugewiesen. Das war zugleich die offizielle Aufnahme als Asylberechtigter im Vatikanstaat. Ich war der zweite, es sollten noch sechs weitere folgen.

Im Vergleich zu den vielen Asylsuchenden, um die ich mich später in meiner Arbeit zu kümmern hatte, war unser Leben im Schutz der Vatikanmauern ein Paradies auf Erden. Der hohe Wert, der dem Recht auf Asyl innewohnt, ist mir seit jenen Tagen stets im Bewusstsein geblieben.

Im Gegensatz zur Welt draußen, die von Krieg, Verwüstung, Angst und Terror geprägt war, herrschten hier Ruhe und Geborgenheit. „Ein Merkmal unseres Lebens im goldenen Käfig der Vatikanstadt war ein Übermaß an freier Zeit." So schreibt Albrecht von Kessel, Angehöriger des deutschen Widerstandes, in seinen Erinnerungen.[1] Er war als Angestellter der deutschen Botschaft beim Heiligen Stuhl nach der Befreiung Roms im Juni 1944 zusammen mit dem Botschafter Ernst von Weizsäcker in den Vatikan übergesiedelt. Mir bot sich in dieser Zeit die Gelegenheit zu vielen Gesprächen – mit von Kessel und den anderen Deutschen und Juden, die im Vatikan Zuflucht gefunden hatten.

Bis dahin hatten Existenznot und Angst um das eigene Leben dominiert, jetzt hatte ich Zeit mich zu öffnen und mich mit den Schuldzusammenhängen des Krieges auseinanderzusetzen. Ich bekam eine Ahnung vom Genozid der Juden in Europa. Die im Vatikan erhältlichen Informationen waren völlig anderer Natur, als die, die uns als Soldaten an der Front oder im Gefangenenlager erreicht hatten. Die Hauptinformationsquellen waren neben Prälat Paul Maria Krieg, Kaplan der Schweizer Garde, die Priester vom Kolleg des Campo Santo Teutonico, hauptsächlich Bruno Wüstenberg,[2] die deutschen Diplomaten sowie die italienische Presse und die amerikanischen und englischen Militärzeitungen. Der Aufenthalt in der sicheren

---

[1] Albrecht von Kessel: Gegen Hitler und für ein anderes Deutschland, Böhlau Verlag, Wien 2008 S. 121.
[2] Bruno Thomas Wilhelm Wüstenberg, geb. 10. März 1912 in Duisburg, gest. 1984 in Freiburg, war ein deutscher Bischof und vatikanischer Diplomat.

Umgebung gab mir die Möglichkeit das eigene Erlebte zu verarbeiten und zugleich das schreckliche letzte halbe Kriegsjahr zu beobachten. Die Aufenthaltszeit im Vatikan war für mich eine Zeit des Besinnens, des Suchens nach einer Neuorientierung und des Rückblickes.

Tafel auf dem Deutschen Friedhof (Campo Santo Teutonico)
bei der Peterskirche in Rom

Blick vom Deutschen Friedhof auf das Colleggio Teutonico –
das Deutsche Priesterkolleg beim Vatikan

1 Die Herkunft

Meine Wurzeln liegen im Elsass und in Baden: Mein Vater war Elsässer und meine Mutter stammte aus Bad Dürrheim im Schwarzwald. Während des Ersten Weltkrieges arbeitete sie dort als Lehrerin und mein Vater war mit seiner Truppe in Donaueschingen stationiert. Wie es zu der Begegnung kam, ist mir nicht bekannt – die beiden Orte liegen nur etwa 10 km voneinander entfernt – ich weiß nur: Mutter verliebte sich in den flotten jungen Leutnant, er natürlich in sie und sie heirateten noch während des Krieges. Damals gehörte das Elsass noch zum deutschen Staatsgebiet und mein Vater war folglich deutscher Offizier. Ein Teil der väterlichen Familie lebte auch auf der deutschen Rheinseite. Überhaupt herrschte damals ein reges Hinüber und Herüber unter den Menschen in dieser Gegend. Nach dem Ende des Ersten Weltkrieges kam das Elsass wieder zu Frankreich zurück. Mein Vater wurde als gebürtiger Elsässer automatisch Franzose und es hat ihn wieder in seine Heimat gezogen. Zu Beginn kam er als französischer Zollbeamter nach Einöd (Saar).

Dort wurde ich am 7. Juli 1921 geboren. Mit mir gehören ein älterer Bruder und eine jüngere Schwester zur Familie. Ab 1928 zogen wir in die Nähe von Strasbourg, wo mein Vater eine alte Farm gekauft und neben seiner Zollbeamtentätigkeit zur Hühnerfarm ausgebaut hatte.

Als ich 1928 – da war ich sieben Jahre alt – im Elsass die Schule besuchte, konnte ich kein Wort Französisch. Die Lehrerin war ein junges Mädchen von 18 Jahren – und für mich war sie eine Respektperson – eine vielgeliebte Respektperson. Sie war eine gottbegnadete Pädagogin. Im Unterricht lief alles auf Französisch und ich habe gar nicht gemerkt, dass ich nach einigen Wochen französisch sprach. So etwas ist nur möglich, wenn es zwischen dem Lehrer und dem Kind funkt. Das war einmalig. Ich hatte das Glück die Dame wenige

Wochen vor ihrem Tod – sie ist in hohem Alter verstorben – wiedersehen zu dürfen. Wir hatten ein sehr schönes Gespräch und haben viele Gedanken und Erinnerungen an die Zeit damals ausgetauscht. Dabei habe ich ihr gesagt „Madame Perrain ich danke Ihnen, Sie haben mir sehr viel mitgegeben für mein Leben."

Wir wuchsen also zweisprachig auf, das heißt sogar dreisprachig. Denn auf der Straße im Dorf wurde nur elsässerdütsch gesprochen und das kann man nur als Kind lernen. Die Mutter hat immer versucht es von ihrem badischen Dialekt abzuleiten, hat aber nie den richtigen Ton getroffen, bei keiner Silbe, bis wir gesagt haben: „Mutter, red' ruhig deutsch, die Leute haben nix dagegen." Meine Geschwister und ich haben diesen Dialekt natürlich perfekt beherrscht, denn beim Kind geht das ins Ohr und bleibt da drinnen hängen. Schließlich kam ich auf das französische Gymnasium in Strasbourg und war auch bei den französischen Pfadfindern – hat mir gut gefallen. Als 1939 der Krieg ausbrach, wurde der Vater in den Süden Frankreichs, nach Sète, versetzt. Mein Bruder, der bereits im Priesterseminar studierte, wurde dennoch eingezogen und diente als Offizier in der französischen Armee. Ich hatte mich für das Studium der Medizin entschieden und fuhr jeden Tag nach

Der kleine Georg im Korbstuhl

Georg ganz links mit Mutter und den Geschwistern Rosemarie und Franz

Das offizielle Foto der Erstkomunion

Historische Postkarte mit der Abbildung der Medizinischen Fakultät in Montpellier, wo der junge Georg Hüssler sein Studium begann

Montpellier – von Sète aus sind es 30 km – und habe an der dortigen Universität mein erstes Studienjahr absolviert.

Es war eine sehr schöne Zeit auch in Bezug auf die äußeren Umstände. In Sète entdeckten wir ganz neu das südliche Flair einer Stadt am Mittelmeer.

Im September 1940 kamen wir ins Elsass zurück. Das war eine für die Deutschen furchtbar verkrampfte Situation. Das kann man sich nicht vorstellen und ist ein ganz trauriges Kapitel. Heute, nach vielen Jahrzehnten, ist man dabei das aufzuarbeiten und wir leiden heute noch unter den Traumata dieser Zeit. Ich selber habe das Medizinstudium in Strasbourg, Heidelberg und Freiburg fortgesetzt.

So bin ich in Deutschland und in Frankreich aufgewachsen und habe schließlich in Italien studiert mit dem Ergebnis, dass ich keine Wurzeln habe. Ich habe keine deutschen, keine französischen und keine italienischen Wurzeln – ich liebe diese drei Länder, ärgere mich über Fehlleistungen und freue mich über die guten Seiten – aber im Grunde bin ich entwurzelt. Deshalb schätze ich wahrscheinlich auch die Schweiz, weil die es fertig bringt, dass diese drei Kulturen sich gegenseitig respektieren, auch streiten, aber dennoch in einem Land zueinander finden. Aber ich leide nicht darunter, keine Wurzeln zu haben – irgendwie habe ich sie schon. Ich bin halt ein ausländischer Aramäer, wie Abraham, der in Kana nie Wurzeln fassen konnte. Man muss auch sagen, dass in meiner Jugend eine besonders schwierige Situation herrschte. Im Saargebiet konnte ich keine Wurzeln fassen, dort herrschte eine für uns feindselige Umgebung; Im Elsass konnte ich mich nicht einleben, weil wir doch ein Fremdkörper waren und in Deutschland im Schwarzwald war ich nur während der Ferien zu Besuch. Und zu allem kam dann der Horror der kriminellen und verheerenden Hitlerherrschaft, in der alles verfälscht und endgültig zerstört wurde. Daher war es nach dem Krieg so wichtig, dass kluge Politiker sich bemühten das Debakel zu überwinden. Glücklicherweise waren die Deutschen und die Franzosen nach dem Krieg aufeinander angewiesen und konnten kreative Ideen entwickeln und die Völker zu einem friedlichen Zusammenleben mit Blick auf Europa führen.

1942 wurde ich in die deutsche Armee eingezogen und kam als Sanitäter zur Luftwaffe – und meine Beteiligung am Krieg endete 1944 mit dem Asyl im Vatikan.

2 Die Entscheidung

Hier wurde es mir zur Gewohnheit jeden Morgen die heilige Messe von Prälat Krieg in der St. Martinskapelle zu besuchen. Im Anschluss daran, wenn die Gardisten zu ihrem Dienst gegangen waren, blieb ich allein in der Kapelle. Ich hatte Zeit zum Nachdenken und zum Beten – und es erwachte in mir der Wunsch, Priester zu werden. Im Gespräch mit Prälat Krieg, der mir viele Jahrzehnte ein priesterlicher Freund blieb, reifte der Wunsch zum Entschluss. Selbst Altgermaniker, vermittelte Prälat Krieg für mich den Kontakt zum Rektor des Collegium Germanicum et Hungaricum, dem deutschen Priesterkolleg in Rom.

Das Collegium Germanicum et Hungaricum in Rom, in der Via di San Nicola da Tolentino, 13. Das ehrwürdige Kolleg wurde 1552 von Papst Julius III. in Zusammenspiel mit dem Jesuitenorden für Studenten aus dem deutschen Sprachraum gegründet.

Um am Germanicum studieren zu können, benötigte ich allerdings die Genehmigung des Bischofs meiner Heimatdiözese. Diese konnte ich nicht ohne weiteres vorweisen. Schließlich wurde ich von Erzbischof Gröber als Kandidat für die Erzdiözese Freiburg, der Heimatdiözese meiner Mutter, angenommen.

Während der Zeit bis zum Beginn des Studiums gab es im Vatikan eine für die Heimat nützliche Arbeit zu verrichten. Die Post der in Italien internierten Kriegsgefangenen wurde nach Diözesen geordnet und nach Deutschland verschickt. So erhielten viele Menschen nach langer Zeit die ersten Nachrichten ihrer Männer, Söhne und Freunde. Bei dieser Arbeit habe ich auch Carlo Bayer kennen gelernt, ein Priester aus der Diözese Breslau. Er hatte ebenfalls am Germanicum studiert war nach Beendigung des Dienstes bei der deutschen Wehrmacht in Italien geblieben. Auch er hatte sich bei Kriegsende auf abenteuerliche Weise nach Rom durchgeschlagen. Nun war er zuständig für die Betreuung der deutschen Kriegsgefangenen und später der Displaced Persons in Italien im Rahmen der neuen Pontificia Comissione (später Opera di Assistanza), gegründet und geleitet von Monsignore Fernando Baldelli. Zu den deutschen Familien, um die Carlo Bayer sich kümmerte, gehörte auch die des deutschen Schriftstellers Stefan Andres der mit seiner halbjüdischen Frau und seinen Töchtern in Positano lebte. Die Freundschaft mit Carlo Bayer sollte später auch ausschlaggebend für meine Hinwendung zur internationalen Caritasarbeit sein. Aber bis dahin war noch ein langer Weg.

Im Oktober 1946 begann ich das Studium und die Vorbereitung zum Priesterberuf am Germanicum und an der Päpstlichen Universität Gregoriana. Damals trugen die Studenten des Germanicums noch eine rote Soutane, wie es seit der Gründung vor 400 Jahren Vorschrift war. Sie waren jederzeit im Straßenbild Roms erkennbar, das von den verschiedenen Trachten der Nonnen mit ihren phantasievollen Hauben, den Alumnen zahlreicher Kollegien und eben jenen jungen deutschen Theologiestudenten in roter Kleidung geprägt war.

Das Studium dauerte sieben Jahre. Die Spiritualität im Germanicum war ignatianisch, das heißt vom Geist des Jesuitenordens geprägt. Aber schon im zweiten Jahr der Studienzeit kam ich über Freunde vom Französischen Seminar mit dem Gedankengut von Charles de Foucauld in Berührung. Die Biographie des großen Einsiedlers, seine geistlichen Schriften, aber hauptsächlich der Kontakt mit den Kleinen Brüdern und Schwestern des Charles de Foucauld brachten mir seine Spiritualität immer näher. Ich las das Buch „Au Coeur des Masses" von René Voillaume und es eröffnete sich mir eine neue Form kontemplativen Lebens inmitten der Welt, die bis heute eine starke Anziehungskraft auf mich ausübt.

Charles de Foucauld, geb. 1858 in Strasbourg, gest. 1916 in Tamanrasset, Algerien) war ein französischer Forscher und Offizier des französischen Heeres. Als Priester und Mönch zog er sich nach dem Krieg als Eremit in den Süden Algeriens zurück.

Charles de Foucauld und Georg Hüssler haben in ihren Biographien viele Gemeinsamkeiten – ihre Herkunft aus dem Elsass, ihre Erfahrung im Militärdienst und ihr Hang zur Naturwissenschaft. Bei beiden hat die Umkehr oder die Veränderung des Lebensweges Ursprung in ihren Kriegserfahrungen. Georg Hüssler, wie viele Heimkehrer aus dem Zweiten Weltkrieg, hat nie von seinen Erlebnissen erzählt, aber sie müssen so schrecklich gewesen sein, dass ihm eine Abkehr von allem, was gewesen war, unabänderlich schien. Sowohl Charles de Foucauld als auch Georg Hüssler fanden in ihrem Glauben an Gott das neue Ziel ihres Weges. Der eine ging den Weg in die Einsamkeit, in die Wüste und zu den Tuareg, wo er schließlich eines gewaltsamen Todes starb. Der andere wendet sich einer Form der Nächstenliebe zu, die ihn mitten in die

> Gesellschaft und auch in die Politik führte. Als Mitglied der Gemeinschaft der Kleinen Brüder von Charles de Foucauld hat Georg Hüssler deren Spiritualität bis an sein Lebensende geteilt und sich auch auf dem Sterbebett nicht von dem einfachen Holzkreuz getrennt, das er am Hals trug.

1951 wurde ich in Rom zum Priester geweiht. Während der beiden Schlusssemester fuhr ich jedes Wochenende nach Vicarello, einem Dorf am See von Bracciano, nördlich von Rom und arbeitete dort in der Seelsorge. Nach Beendigung des Studiums erhielt ich im Oktober 1952 eine Anstellung als Kaplan in Mannheim. Diese erste Berufserfahrung war anstrengend und begeisternd zugleich. Nach den Jahren in Rom mit seiner internationalen offenen Atmosphäre war der Sprung in die Lebensrealität einer Pfarrei aber auch eine harte Herausforderung.

Schon zwei Jahre später, wieder im Oktober, schickte mich der Freiburger Generalvikar Hirt zurück nach Rom. Ich gestehe, dass ich dieser Anordnung mit Begeisterung Folge leistete. Auf Wunsch von Alois Eckert, Präsident des Deutschen Caritasverbandes, der mich inzwischen als seinen Assistenten auserkoren hatte, sollte ich dort promovieren. Das Thema der Dissertation lautete: „Die Herkunft der Siebentagewoche" und mein Doktorvater war Pater Gustav Gundlach an der Katholischen Universität Gregoriana. Noch während ich in Rom promovierte und bevor ich meine offizielle Anstellung beim Deutschen Caritasverband antrat, habe ich bereits mit der internationalen Caritasarbeit begonnen. Mein Freund Carlo Bayer war inzwischen Generalsekretär der 1951 gegründeten Caritas Internationalis geworden.

Im Sommer 1955 reiste er, gesponsert von Catholique Relief Services, der US-Amerikanischen Caritas, fünf Monate durch Lateinamerika. Er besuchte die Nuntien und ermutigte die Bischofskonferenzen, Caritasorganisationen zu gründen. Die dazu notwendigen Spanischkenntnisse hatte sich der sprachbegabte Mann schnell angeeignet. Vor seiner Abreise bat mich Carlo Bayer, für die Zeit seiner Abwesenheit die Vertretung zu übernehmen, das heißt vor allem aufzupassen, dass sich keiner auf seinen Stuhl setzt. Da man auch in

Freiburg daran interessiert war, dass Carlo Bayer eine zuverlässige Vertretung bekam, erhielt ich die Erlaubnis. So war ich fünf Monate lang für ein Gehalt von 200 DM halbtags Büroleiter von Caritas Internationalis, deren Präsident ich viele Jahre später werden sollte.

Carlo Bayer,
geb.1915 in Obernigk (Schlesien),
gest. 1977 in Rom,
Pionier der Caritasarbeit und
Generalsekretär von
Caritas Internationalis

3 Der Anfang in Freiburg

Im Juni 1957 wurde ich in Rom promoviert und am darauffolgenden 3. Juli übernahm ich mein Amt als Assistent von Prälat Alois Eckert, Präsident des Deutschen Caritasverbandes (DCV).

Das Jugendstilhaus, das ehemalige Parkhotel Hecht, war nach den damals sehr strengen Regeln der Sparsamkeit nicht eigens für den neuen Zweck umgebaut worden. An der alten Rezeption saß eine Schwester vom Orden der Erlenbader Franziskanerinnen. Die Schwestern versorgten unter dem Regiment von Schwester Goswina das gesamte Haus und kochten für die Mitarbeiter und Studenten der angegliederten Sozialen Fachschulen.

Meine Arbeitsstätte war das alte Werthmannhaus am heutigen Werthmannplatz in Freiburg, gegenüber der Universität und der Universitätsbibliothek

Das Aushängen eines Speisezettels war nicht nötig, da den Mitarbeitern oder auch den Besuchern der mehr oder weniger appetitanregende Duft der zu erwartenden Speisen von der Küche aus entgegenströmte.

Im Haus führten knarrende Treppen und Gänge zu den Büros. Präsident Eckert arbeitete im großen Eckzimmer im ersten Stock, seine engsten Mitarbeiter befanden sich in seiner Nähe. Im zweiten und dritten Stock lagen weitere Büros und im vierten Stock hatten die Schwestern ihre Klausur eingerichtet.

Neben dem Werthmannhaus in der Belfortstraße 18 waren die Lambertus-Buchhandlung und darüber der Lambertus-Verlag untergebracht. Im Hintergebäude bewohnte ich eine Studentenbude. Im gleichen Haus befanden sich auch das Seminar für Wohlfahrtspflege, das Seminar für Seelsorgehelferinnen, das Seminar für Jugendleiterinnen und die Soziale Frauenschule. Böse Zungen behaupten, es soll eine Kaktushecke im Innenhof gegeben haben, die den zu engen Kontakt zwischen den männlichen und weiblichen Seminarteilnehmern verhindern sollte. Zum Glück war die Liebe stärker als die imaginäre Hecke und es haben sich hier einige glückliche Paare gefunden.

Ein Haus weiter, in der Belfortstraße 20 befand sich eine Lesestube und eine Leihbücherei. Die Hinterhöfe der Gebäude 18 und 20 waren miteinander verbunden. Im Haus Nummer 20 hatte auch Dr. Heinrich Ochsner als Lektor des Lambertus-Verlages sein Büro. Nebenan traf sich später der Herausgeberkreis der Zeitschrift „Mitten in der Welt" der deutschen Bruderschaften in der Geistlichen Familie von Charles de Foucauld. Ihm gehörten neben mir Jürgen Rintelen als Redakteur, Dr. Peter Hünermann, Frau Rosa Weber und Ulrich Schütz an.

Das war das äußere Umfeld, das ich in Freiburg in der Zentrale des Deutschen Caritasverbandes vorfand. Von weitaus größerer Bedeutung waren jedoch die Menschen, die ich hier antraf. Es waren Gertrud Luckner[3], die seit dem 1. Dezember 1938 fest beim DCV

---

[3] Gertrud Luckner, geb. 26.09.1900, gest. 31.08.1995, Referatsleiterin Verfolgtenfürsorge.

angestellt war, Martin Vorgrimler[4], Anton Wopperer[5], Maria Kiene[6], Karl Borgmann[7], Cäcilia Böhle[8], Hans Wollasch[9], Erich Reisch[10], Maria Bornitz[11], Gustav von Mann[12], Elisabeth Denis[13], Heinrich Höfler[14] und Generalsekretär Kuno Jörger[15]. Sie hatten die Nazizeit zum Teil im Verband, zum Teil im Krieg an der Front, im Konzentrationslager oder im Zuchthaus überlebt. Gertrud Luckner war im Konzentrationslager Ravensbrück interniert gewesen und Heinrich Höfler wurde durch die Rote Armee aus dem Zuchthaus in Berlin befreit.

Nach dem Zusammenbruch des Naziregimes und Ende des Krieges waren alle diese Menschen wieder in der Zentrale vereint.

Ich begann meine Arbeit in der Hoffnung, mich im Kreis dieser bewährten Mitarbeiter in Ruhe einarbeiten zu können. Voller Dankbarkeit erinnere ich mich an Karl Borgmann, der immer Zeit für mich hatte, an Martin Vorgrimler, zu dem ich auch spät abends kommen konnte – die Nachtarbeit gehörte zu seiner Gewohnheit – der immer die Ruhe bewahrte und nie die Übersicht verlor. Er saß in Hemdsärmeln mit Hosenträgern und Stulpen über den Unterarmen am Schreibtisch, einen drehbaren runden Aktenschrank griffbereit und konnte mir auf alle Fragen eine Antwort erteilen, und an Frau Dr. Böhle, die mir nach der Rückkehr von ihren Dienstreisen in Übersee vieles erzählte, was für mich von großer Wichtigkeit war.

---

[4] Martin Vorgrimler, geb. 11.11.1902, gest. 8.06.1975, Abteilungsleiter Auslandsabteilung.
[5] Anton Wopperer, geb. 11.10.1898, gest. 14.07.1970, Finanzdirektor.
[6] Maria Kiene, geb. 8.04.1889, gest. 28.09.1979, Referatsleiterin Kinderfürsorge.
[7] Karl Borgmann, geb. 15.10.1900, gest. 7.11.1993, Abteilungsleiter Publizistik.
[8] Cäcilia Böhle, geb. 20.02.1911, gest. 4.05.1974, Leitung Seminar für Sozialarbeit in Übersee.
[9] Hans Wollasch, geb. 17.07.1903, gest. 24.04.1975, Abteilungsleiter Aus- und Fortbildung.
[10] Erich Reisch, geb. 1.10.1898, gest. 23.12.1985, Referatsleitung Suchdienst/Dorf- und Pfarrcaritas.
[11] Maria Bornitz, geb. 22.11.1901, gest. 14.07.1982, Abteilungsleiterin Familienhilfe.
[12] Gustav von Mann, geb. 3.12.1891, gest. 14.01.1980, Abteilungsleiter Jugendfürsorge.
[13] Elisabeth Denis, geb. 17.12.1900, gest. 15.11.1969, Abteilungsleiterin Mädchensozialarbeit.
[14] Heinrich Hölfer, geb. 16.02.1897, gest. 21.10.1963, Referatsleiter Kriegsgefangenenhilfe/Schriftleitung „Caritas".
[15] Kuno Jörger, geb. 16.05.1893, gest. 4.11.1958, Generalsekretär.

Zur Einarbeitung gehörte auch der Besuch einiger Unterrichtsstunden bei Hans Wollasch im Seminar für Wohlfahrtspflege. Ansonsten gab es die alltägliche Routinearbeit, Vorbereitung von Sitzungen und tägliche Feier der Messe mit den Schwestern und häufig angereisten Gästen aus dem In- und Ausland.

Während meiner Einarbeitungszeit stellte ich auch fest, dass von Freiburg aus sehr interessante Beziehungen zur Sowjetischen Besatzungszone aufgebaut worden waren. Diese liefen insbesondere über die Person von Martin Vorgrimler, der sein Pendant in Prälat Zinke in Berlin hatte, dem Leiter der Hauptvertretung der Caritas in Berlin. Dort war ein Wunder geschehen: die Sowjets und die Deutschen von der 1949 gegründeten DDR hatten die Caritas im Ostteil Deutschlands nicht kaputt gemacht, wie dies in allen anderen sozialistischen Ländern, einschließlich Polen, geschah, sondern ließen sie bestehen und weiter ihre Arbeit verrichten. Im Jahr 1957, als ich dazu stieß, fand ich eine Situation vor, in der die Bischöfe und ihre Caritasleute bereits im Verhandeln mit den Leuten Walter Ulbrichts außerordentlich versiert waren, sodass wir die bestehenden 30 Krankenhäuser, große Behinderten- und Alteneinrichtungen behalten konnten. Es war möglich, die Fachleute – Priester und Laien – regelmäßig in Berlin zusammenzurufen und zu diesen Treffen konnten wir vom Westen dazu kommen. Das ging viele Jahre gut so, bis die Mauer kam. Aber damals 1957, konnte man ohne weiteres mit dem Auto am Brandenburger Tor hindurch oder vorbei fahren, da gab es noch wenig Kontrolle. Mich haben die Kontakte zu Ostberlin und Ostdeutschland insgesamt sehr interessiert. Das war auch gut so, denn dadurch, dass wir gezwungen waren mit den Behörden der DDR zusammenzuarbeiten, haben wir einen Modus gefunden, wie man mit diktatorischen Regimen ideologischer Art zu verhandeln hat – immer mit Blick auf die Hilfesuchenden in diesen Ländern. Die Helfer dort waren auf die Hilfe aus dem Westen angewiesen. Unter anderem brauchten sie Geräte für die caritaseigenen Krankenhäuser in der DDR. Zum Glück konnten wir ihnen so gut wie alle Wünsche erfüllen, mit dem Erfolg, dass unsere Einrichtungen besser ausgestattet waren als die staatlich geführten.

In den Tagen vor der Mauer, also im August 1961, war ich in Ostdeutschland und habe mit Priestern dort gemeinsam Exerzitien abgehalten. Als ich zurück nach Berlin kam, sagte ich zu Zinke: „Die Leute verlassen hier massenweise das Land – zehntausende pro Tag" – sie wurden in den Flüchtlingslagern in Marienfelde und anderswo aufgenommen – „pass auf, das geht so nicht weiter, die werden hier zumachen, die schauen da nicht immer zu." Da sagt der Zinke: „Das können die nicht." Und dann geschah es doch in der Nacht vom 12. auf den 13. August haben sie begonnen die unförmige Mauer durch das riesige Berlin zu bauen – das kennen wir ja.

Aber Prälat Zinke, der täglich in den Ostteil Berlins ging, hat sich nicht das Recht nehmen lassen, am anderen Morgen bei denen wieder zu erscheinen. Noch während die Mauer gebaut wurde und man nur noch an wenigen Stellen durchkam, wie zum Beispiel Bahnhof Friedrichstraße, präsentierte er sich und sagte: „Guten Morgen", wie ganz selbstverständlich. Überhaupt hat sich Prälat Zinke nicht erschrecken lassen und hat weiterhin seinen Weg durch die Mauer gefunden. Es gab immer mal wieder schwierige Situationen, aber er fand immer neue Möglichkeiten, da durchzukommen. Mit der Zeit, sogar sehr bald, konnten wir dann auch als Westdeutsche unter bestimmten Bedingungen hinübergehen und es war eine große Freude, wenn wir dort aufkreuzten. Später hat sich das quasi institutionalisiert, sodass im Laufe dieser Jahrzehnte sich eine ganz intensive Zusammenarbeit zwischen west- und ostdeutscher Caritas entwickelte. Das war eine spezifisch deutsche Situation, die uns einfach so vorgegeben war. Wir haben in dieser Zeit aber auch viel für die spätere Zusammenarbeit mit ähnlich diktatorischen Systemen gelernt.

4 Aufbau der katholischen Auslandhilfe in Deutschland

Der Deutsche Caritasverband stand nun auch vor der Herausforderung der internationalen Hilfstätigkeit. Die Deutschen hatten in ihrer schweren Zeit so viel Hilfe aus dem Ausland erhalten, dass es an der Zeit war, etwas zurückzugeben.

Im Herbst 1958 – Papst Pius XII. war am 9. Oktober verstorben – fand eine Tagung der Europäischen Caritaskonferenz auf dem Odilienberg, einem Wallfahrts- und Tagungsort im Elsass statt. Zu den Referenten gehörten auch der Prämonstratenser-Pater Werenfried van Straaten, genannt der „Speckpater", und Martin Vorgrimler. Letzterer berichtete eine Stunde lang vor einem aufmerksamen Publikum über seine Hilfsprojekte in Polen, Ungarn, Jugoslawien und der Tschechoslowakei. In seiner ruhigen zurückhaltenden Art hatte er eine ungeheure Arbeit zugunsten der Menschen in diesen Ländern Osteuropas geleistet, ohne dass selbst Präsident Eckert etwas davon gewusst hatte. Das Geld hatte er aus den Hilfsprogrammen erübrigt, die von der amerikanischen Caritasorganisation nach Deutschland geflossen waren. Schwierigkeiten bekamen wir in diesem Zusammenhang noch Jahre später, weil Lebensmittelhilfen aus Behältern mit der Aufschrift „Gift oft the people of United States" umgesackt und in die DDR gebracht worden waren. Die Hilfen gingen dort in die Krankenhäuser und wurden unter der zum Teil noch hungernden Bevölkerung verteilt. Ein Denunziant hatte die Caritas bei der amerikanischen Regierung angezeigt, die nun den entsprechenden Geldwert zurückforderte. Die Prozesse liefen über Jahre. Noch 1963 war ich mit Präsident Stehlin anwesend, als eine große amerikanische Delegation versuchte Martin Vorgrimler auf alle erdenkliche Weise davon zu überzeugen, eine hohe Geldsumme an den amerikanischen Staat zurückzuerstatten.

Die Diskussion lief über Stunden und Vorgrimler erwiderte immer nur „No, Sire." Andere Argumente führte er nicht ins Feld. Schließlich gaben die Amerikaner auf und meldeten der Regierung, das Geld sei nicht rekuperabel. Mir wurde in diesem Zusammenhang einmal mehr klar, wie groß die Überlegenheit der Spenderorganisation gegenüber den Hilfeempfängern ist – eine Situation, die nie ausgenutzt werden sollte.

Aber zurück zur Tagung im Elsass. Mit seinen Berichten stand Vorgrimler dem redegewandten und brillanten „Speckpater" in nichts nach. Werenfried van Straaten hieß übrigens nicht wegen seiner beachtlichen Leibesfülle „Speckpater", sondern weil er als Niederländer sofort nach dem Krieg dafür warb, das deutsche Volk nicht aus Rache verhungern zu lassen. Er ging mit gutem Beispiel voran und brachte den besiegten Nachbarn Schweinespeck und andere nahrhafte Dinge – daher sein Name. In den Niederlanden predigte er für ein Ende des Hasses und für Frieden und Versöhnung.

Die Konferenz war voll im Gange, da flog plötzlich die Tür auf, Prälat Jules Billing, Caritasdirektor des Bistums Strasbourg, platzte in die Sitzung und verkündete: „Habemus Papam!" Es ist Kardinal Roncalli, mit dem Namen Johannes XXIII. Erstaunen, Applaus. Da steht der alte Prälat Eckert auf und sagt tief bewegt: „Johannes, das ist kein Name, das ist ein Programm! Der Liebesjünger, der geschrieben hat Gott ist die Liebe." Er improvisierte eine Betrachtung über die Johannesbriefe, und alle, die dabei waren, sind bis heute tief bewegt. Uns wurde instinktiv bewusst, dass wir nicht nur einen neuen Papst hatten, sondern dass auch eine neue Ära in der Kirchengeschichte angebrochen war.

Bei der nächsten Sitzung des Exekutivbüros von Caritas Internationalis in Rom bekamen wir eine Audienz beim neuen Papst und konnten uns persönlich von seinem Charisma überzeugen.

In Deutschland herrschte Ende der fünfziger Jahre wieder ein gewisser Wohlstand, bedingt durch das Wohlwollen der Westalliierten und die kluge Wirtschaftspolitik Ludwig Ehrhards. Das sogenannte Wirtschaftswunder bescherte der jungen Bundesrepublik bis dahin ungeahnte Möglichkeiten und die Menschen konnten auch wieder reisen, hauptsächlich in den Süden, wobei natürlich Italien das nächstliegende und beliebteste Ziel war. Den Deutschen war aber auch bewusst, dass sie diesen Aufschwung vor allem der Hilfe ihrer ehemaligen Feinde verdankten. Nachdem sie selbst leidvoll hatten erfahren müssen, was Hunger und Vertreibung bedeutet, hatten sie jetzt offene Ohren für die Meldungen von Hunger, Armut und Krankheit in der „Dritten Welt". Und sie waren bereit zu helfen.

Folglich kam in den Jahren 1958/1959 die Gründung des Bischöflichen Hilfswerkes MISEREOR durch Kardinal Frings in Köln zum richtigen Zeitpunkt und war ein herausragendes Ereignis für die katholische Kirche in Deutschland. Im Herbst 1958 überzeugte der Kardinal die Deutschen Bischöfe, in der Fastenzeit 1959 eine gemeinsame Kollekte unter dem Motto „Misereor super turbam" abzuhalten. Der Leitgedanke bezieht sich auf das Markusevangelium 8,2, in dem der Evangelist von der Speisung der Viertausend am See Genezareth berichtet. „Ich habe Mitleid mit diesen Menschen, sie sind schon drei Tage bei mir und haben nichts mehr zu essen." Damit die Aktion so erfolgreich werden konnte, wie damals in Beisein von Jesus Christus, musste entsprechend unter den Menschen geworben werden. Die Werbung für den Norden Deutschlands übernahm das Päpstliche Werk der Glaubensverbreitung in Aachen, während der Deutsche Caritasverband für den Süden zuständig war.

Der Text der berühmten Rede „Weltelend vor dem christlichen Gewissen" von Alfons Erb (Pax Christi) wurde zusammen mit einem bewegenden Plakat von Pater Ernst Schnydrig, dem Leiter des Referats Werbung und Publizistik des DCV, an die Pfarreien verschickt. Die Wirkung war so gewaltig, dass ich noch mit Schrecken – aber natürlich auch mit großer Genugtuung – an diese Aktion denke. Es gab so viele Nachbestellungen des Materials, dass wir kaum nachkommen konnten. Es war die erfolgreichste Aktion, die es bis dahin gegeben hatte. Gesammelt wurden 35 Millionen Mark. Ein unerwartetes und großartiges Ergebnis. Das Wunder vom See Genezareth hatte sich wiederholt – in den Herzen der Menschen, die ebenfalls Mitleid mit ihren hungernden Mitmenschen in der „Dritten Welt" hatten.

Die Organisation der Aktion hatte für mich alle anderen Ereignisse in den Hintergrund treten lassen. Mich hatte wie so oft die

Begeisterung gepackt und ich hatte mich wenig damit befasst, dass die Stelle des verstorbenen Generalsekretärs des DCV, Prälat Kuno Jörger, neu besetzt werden musste.

5 Generalsekretär

Die Wahl traf auf mich und ich wurde am 12. Januar 1959 vom Zentralvorstand zum Generalsekretär des Deutschen Caritasverbandes berufen. Von langsamer und ruhiger Einarbeitung hatte also keine Rede sein können. Mir fuhr der Schreck in die Knochen! Dennoch nahm ich die Wahl in der Hoffnung an, dass Gott mir die Kraft für eine so verantwortungsvolle Aufgabe geben möge. Mich stärkte aber auch das Vertrauen in die großartigen Kollegen und Kolleginnen, die mir zur Seite stehen würden.

Nach meiner Ernennung zum Generalsekretär war die Hilfe kompetenter Mitstreiter von extrem großer Bedeutung. Es fehlte mir ein fachkundiger Assistent. Ich brauchte einen Menschen, dem ich volles Vertrauen schenken konnte und der mir den Rücken für meine internationalen Verpflichtungen frei hielt. Man nannte mir Hannes Kramer beim Landescaritasverband Bayern. Ich fuhr nach München – der Funken schlug über. Wir verstanden uns auf Anhieb und Hannes Kramer willigte in die Übersiedlung nach Freiburg unter der Bedingung ein, an der Wiederherstellung des Ständigen Diakonats arbeiten zu können. Der Präsident war einverstanden. In Bezug auf die Bedeutung des Diakonats war ich mit Hannes Kramer einig und wir haben in den Jahren unserer Zusammenarbeit viel bewegt. Er wurde einer der wichtigsten Zuarbeiter für die Vorbereitung des Konzilsdokumentes zur Wiedereinführung des Diakonats.

Der Ständige Diakonat ist ein Dienst im seelsorgerlichen Bereich, der von geweihten Männern, meist sind es Männer mit Familie, ausgeübt wird. Er wird nicht als Vorstufe für das Priesteramt verstanden, sondern als eigenständiges Amt, das in der Kirche von heute von großer Bedeutung ist.

In Freiburg war Hannes Kramer kein Unbekannter – er hatte hier auf Anraten von Karl Rahner das Seminar von Hans Wollasch besucht und hier seine Frau Erika kennen gelernt. Für die Erneuerung des Ständigen Diakonats hatte sich Prälat Eckert bereits 1952 stark gemacht. Auch von Caritas Internationalis in Rom gingen Impulse für eine Stärkung der Diakonatsbewegung aus. Auf Anregung von Jean Rodhain, Gründer von Secours Catholique[16], veranstaltete die Programmkommission von Caritas Internationalis unter Mitwirkung von Carlo Bayer vom 14. bis 16. März 1959 in Royaumont bei Paris eine Tagung zur Erneuerung des Diakonats. Ich schlug damals Hannes Kramer als Referenten für die Tagung vor. Obwohl seine Frau kurz vor der Entbindung ihres zweiten Kindes stand, kam er aus München nach Royaumont. Er hielt ein Referat von zündender Überzeugungskraft – und kehrte rechtzeitig zur Geburt seines Kindes nach München zurück. Kurz danach siedelte er mit seiner Familie nach Freiburg über.

Um Ostern 1959 erkrankte dann plötzlich Präsident Eckert. Er lag im Krankenhaus und es schien zu Ende zu gehen. Ganz unerwartet erholte er sich jedoch und kam nach Badenweiler zur Genesungskur. Am 21. Juni 1959 lud er mich, Albert Stehlin und Walter Baumeister zu sich nach Badenweiler zur Feier seines Namenstages ein. In einem Gespräch unter vier Augen teilte mir Prälat Eckert mit, dass er zurücktreten werde. Er bat mich, dies dem Vorstand mitzuteilen, die Neuwahlen vorzubereiten und Prälat Stehlin auf der Fahrt nach Freiburg zu überzeugen, für die Wahl als Präsident zu kandidieren. Danach sollte ich bei Erzbischof Schäufele die Freistellung von Domkapitular Stehlin beantragen. Albert Stehlin stimmte seiner Kandidatur zu und wurde im Oktober 1959 vom Zentralrat zum Präsidenten gewählt. Er führte einen neuen Arbeitsstil ein und setzte auf ein brüderliches Miteinander. Es wurde von mir und vom gesamten Führungskollegium Mitverantwortung und Mitentscheidung verlangt.

Hier muss ich noch einfügen, dass es inzwischen ein weiteres außergewöhnliches Ereignis in der Kirche gegeben hatte. Am 25. Januar 1959 hatte der neugewählte Papst Johannes XXIII. in der Basilika St. Paul vor den Mauern in Rom die Eröffnung eines Ökumenischen

---

[16] Secours Catholique, 1946 gegründete französische Wohltätigkeitsorganisation, Mitglied von Caritas Internationalis.

Konzils angekündigt. Keiner wusste damals so recht, was man davon halten sollte. Sicher war nur, da bahnte sich etwas Neues an. Und das fand allgemeine Zustimmung. Es war gut, dass nach all den Turbulenzen und all den Schrecken des Krieges die Kirche selbst sich überlegte, was ihre Aufgabe ist und sie dies auf der Basis eines Konzils tat.

Als Generalsekretär war ich zuständig sowohl für die Inlands- als auch für die Auslandsarbeit. Hilfsprojekte für das Ausland, wie sie später entstanden, gab es damals noch nicht. Nur Martin Vorgrimler hatte seine bereits erwähnten Hilfsaktionen nach Osteuropa laufen.

Zu meiner Auslandstätigkeit gehörten enge Kontakte zu Caritas Internationalis in Rom und nach Paris zu Jean Rodhain und dem Secours Catholique.

6 Mein erster großer Auslandseinsatz: Algerien

Die sechziger Jahre waren die Jahre der großen Katastrophen, unter anderem 1960 das schwere Erdbeben in Chile. Danach wurde unser Engagement im Zusammenhang mit dem Unabhängigkeitskrieg Algeriens gegen Frankreich gefordert. 1960 habe ich in diesem Zusammenhang meine erste Überseereise als Vertreter der Caritas gemacht. Es ging nach Tunis. Ich reiste mit dem französischen Priester Henry Le Masne aus Lyon, der mit der algerischen Seite und den dortigen Bischöfen Kontakt hatte. Wir flogen nach Tunis und gingen dort zu der algerischen Exil-Gewerkschaft UGTA, die Heime für algerische Flüchtlingskinder betreute. Wir brachten ihnen die Summe von DM 30.000, das war für uns sehr viel Geld und auch für sie. Wir wurden sehr gut aufgenommen. Ich hatte in Tunesien noch Kontakte, da ich während des Krieges als Soldat dort gewesen war. In Tunis selbst gab es bereits einen Caritasdirektor. Es fehlte also nicht an Verbindungen. In Deutschland hatten wir algerische Flüchtlinge, die während des algerisch-französischen Krieges ab 1954 zu uns gekommen waren. Sie hatten eine Delegation der FLN, Front Liberation National, in Bad Godesberg gegründet und dieser Priester Henry Le Masne kam mich oft in Freiburg besuchen. Wir fuhren zusammen nach Bad Godesberg, um uns die Anliegen dieser Leute anzuhören. Sie wollten die Unabhängigkeit. 1957 war ein Umsturzjahr in Frankreich gewesen. Damals hatten sich große Gruppierungen, auch die französischen Bischöfe, dafür ausgesprochen, dass Algerien seine Unabhängigkeit erhalten sollte. 1958 tauchte De Gaulle in einer großen politischen Not in Frankreich wieder auf – der letzte Ministerpräsident der Vierten Republik hatte die Situation nicht mehr im Griff, das französische Militär war außer Kontrolle geraten. Da haben die Franzosen in ihrer Verzweiflung den

De Gaulle wieder hervorgeholt, der sich bereits in den Ruhestand zurückgezogen hatte. Dieser ließ eine neue Verfassung erarbeiten, in der der Präsident im Gegensatz zu früher enorme Vollmachten erhielt. Die Verfassung war ganz auf ihn zugeschnitten und wurde akzeptiert. De Gaulle hat es in den Jahren 1960 bis 1962 dann tatsächlich fertig gebracht, die französische Politik umzugestalten und die Algerier in die Unabhängigkeit zu entlassen. Ich habe die geschichtlichen Vorgänge sehr lebendig, auch von menschlicher Seite her, miterlebt, weil ich mit Henry Le Masne und mit vier algerischen Funktionären der FLN, eng befreundet war. Als drei von den vier Freunden verhaftet wurden, konnte ich beim Generalbundesanwalt Dr. Güde in Karlsruhe intervenieren. Der Mann war ganz großartig, er hat zu mir gesagt: „Können Sie mir einen Vertreter der Exilregierung bringen?" Ich brachte ihm den vierten nicht verhafteten Freund. Außerdem erlaubte er mir, einen der Verhafteten, der war in Düren, zu besuchen. Herr Dr. Güde war selber dankbar, dass er auf diese Weise der deutschen Bundesregierung unkonventionell helfen konnte, aus dieser Lage herauszukommen, ohne mit der französischen Politik in Konflikt zu geraten. Es war dann so, dass die FLN-Leute von Vertretern der Konrad-Adenauer-Stiftung nach Österreich gefahren wurden und damit waren sie ganz pragmatisch kurz vor der Unabhängigkeit Algeriens schon mal weg aus Deutschland.

Die Organisation der Hilfe für Algerien war mein erster großer Auslandseinsatz. 1954 hatte der blutigste aller französischen Kolonialkriege in Algerien begonnen. Unter der Führung von Ahmed Ben Bella kämpften die Algerier für ihre Unabhängigkeit. Wie schon erwähnt, wurde der Krieg am 18. März 1962 unter De Gaulle mit der Unterzeichnung der Verträge von Evian beendet, die Algerien die Unabhängigkeit bestätigten.

In Algerien war die Situation allerdings auch nach 1962 äußerst kritisch und Hilfe war notwendig. Der algerische Caritasdirektor, ein Elsässer mit Namen Isidor Brecklé, der schon als Kind nach Algerien gekommen war, dort das Seminar besucht hatte und Priester geworden war – ein wunderbarer Kerl – wurde Mitte Mai 1962 von Erzbischof Léon-Étienne Duval nach Frankfurt geschickt. Dorthin, ins Kolpinghaus, kamen auch Prälat Baldelli aus Rom mit seinem Generalsekretär Carlo Bayer, sowie andere Caritasvertreter und ich für Deutschland. In Algerien war die Situation hochdramatisch. Erzbischof Duval ließ ausrichten: „Wir brauchen Hilfe, wir sitzen praktisch auf dem Pulverfass, die französische Geheimorganisation OAS (Organisation armée secrète, 1961 im Kampf gegen die Unabhängigkeit Algeriens gegründet) mit ganz fanatischen Leuten, droht sogar die Kasbah in die Luft zu sprengen." Wir kamen überein, dass etwas geschehen musste und man schickte mich nach Algier, um mit Erzbischof Duval über Hilfsmaßnahmen zu sprechen. Nachdem alle notwendigen Vorbereitungen getroffen worden waren, reiste ich am 1. Juni ab und blieb bis zum 15. Juni 1962 in Algerien. Bei meiner Ankunft dort fand ich das vollständige Chaos vor. Es bestand keine Möglichkeit vom Flugplatz in die Stadt zu gelangen. Die Hallen waren überfüllt mit französischen Flüchtlingen, die das Land in Panik verlassen wollten. Aber ich schaffte es schließlich, den legendären Erzbischof Duval an die Strippe zu bekommen. Er versprach mir, dass ich am nächsten Morgen abgeholt würde. Nach einer fast schlaflosen Nacht, ich lag da irgendwo am Boden im dichten Gedränge der Flüchtlinge, erschien tatsächlich ein Pater vom „Orden der Weißen Väter" mit einem Motorrad und brachte mich in einer abenteuerlichen Fahrt in die Stadt.

Einerseits nahmen dort die Strukturen der Unabhängigkeit langsam Konturen an, andererseits kehrte aber auch keine Ruhe ein. Wir wohnten im Altersheim für Priester St. Augustin im oberen Teil der Stadt und von dort oben sahen wir, wie es in der Stadt überall Explosionen gab. Operationssäle wurden gesprengt, von den Ärzten selbst, Schulen eine nach der anderen, wurden in die Luft gejagt. Die Situation war extrem undurchsichtig und gefährlich.

Die Katholische Kirche hat in diesem Moment eine sehr wichtige Rolle gespielt. Besonders Erzbischof Duval, der 1965 zum Kardinal ernannt wurde, aber auch alle seine Leute, Laien und Priester haben sich ganz hervorragend verhalten. Heute ist bekannt, dass zur Zeit des Algerienkrieges große politische Fehler gemacht wurden. Mit dem Frieden von Evian konnte Frankreich sich auf eine sehr elegante Weise aus dem Konflikt herauslösen, ohne dass die schlimmen blutigen Jahre von 1954 bis 1962 je aufgearbeitet wurden.

In den zwei Wochen, die ich dort war, haben wir in intensiver Arbeit die Gründung von vier Caritasverbänden in den vier Diözesen Algeriens vorbereitet sowie eine nationale Caritas und die Umwandlung der bestehenden Vertretungen von Secours Catholique Frankreich in die Wege geleitet, über die eine gezielte Hilfe und Unterstützung für die Bevölkerung organisiert werden konnte.

Der Aufbau von Caritasstrukturen in allen Ländern, in denen dies möglich ist, hat sich immer wieder bewährt, denn bei allen Hilfsaktionen kann sich die Caritas auf nationale Organisationen stützen, die mit den regionalen Verhältnissen vertraut sind. Sie können sicherstellen, dass die Hilfen über ein lokales Netzwerk direkt an die notleidende Bevölkerung gelangen.

Kardinal Duval hat nach Beendigung des Bürgerkrieges die Katholische Kathedrale neben der Kasbah den Muslimen übergeben, die sie in eine Moschee verwandelt haben – eine Tat, die ihm große Achtung und Anerkennung unter der arabischen Bevölkerung eingebracht hat. Da das aus dem 19. Jahrhundert stammende Gotteshaus in einem arabisierenden Stil gehalten war, musste nur das Allerheiligste entfernt und Teppiche ausgelegt werden, damit es als Moschee genutzt werden konnte.

In dieser Zeit habe ich große Erfahrungen in der Zusammenarbeit zwischen Muslimen und Christen gesammelt – und auch im Umgang mit religiösen Minderheiten. Wir hatten großartige Fachleute von beiden Seiten zur Verfügung. Als Caritas hatten wir viele Möglichkeiten im Bereich des Sozialen ausgleichend zu wirken. Tatsache ist auch, dass die meisten Angestellten der neugegründeten Caritasverbände Muslime waren, die eine vorzügliche Arbeit geleistet haben. Das Konzil mit der Öffnung hin zu den nichtchristlichen Religionen, insbesondere dem Islam hatte seine Schatten bereits vorausgeworfen.

Auf meiner Rückreise habe ich dann in Paris Halt gemacht und Jean Rodhain vom Secours Catholique über meine Mission in Algerien informiert. Die Situation zwischen Frankreich und Algerien war damals noch sehr angespannt. Jean Rodhain war nicht gekränkt, weil er übergangen worden war, sondern sehr dankbar, weil ich ganz in seinem Sinne gehandelt hatte und die gute Zusammenarbeit mit den französischen Freunden fand wieder einmal eine Bestätigung.

7 Die gewaltige Herausforderung im Vietnamkrieg

Im Juli 1957, also kurz nach meiner Promotion in Rom und in meiner Anstellung als Assistent von Präsident Eckert, beauftragte mich Direktor Vorgrimler mit der Betreuung einer Gruppe vietnamesischer Studenten. Ihr Leiter, Andreas Do-Thanh-Vi, war ein Priester aus der Diözese Hue. Die Gruppe kam aus Paris und war im Albert-Schweizer-Haus (Studentenwerk) in Freiburg an der Dreisam untergebracht. Ich fuhr jeden Tag mit dem Fahrrad zu den Studenten. Wir organisierten Fahrten in den Schwarzwald, eine Begegnung mit Prälat Eckert im Caritas Kindersanatorium auf dem Feldberg und mit Erzbischof Eugen Seiterich in Freiburg, sowie allerlei Besichtigungen.

Do-Thanh-Vi war ein hochbegabter Mann und bereitete sich auf das Lizenziat am Bibelinstitut in Rom vor. Im folgenden Herbst besuchte ich ihn in Paris – leider im Krankenhaus: Er litt unter einer Nierenerkrankung. Im Frühjahr 1958 lud Direktor Vorgrimler ihn nach Freiburg ein, wo er an der Universitätsklinik von dem berühmten Nephrologen Prof. Ludwig Heilmeyer behandelt wurde. Zwischenzeitlich hielt sich Do-Thanh-Vi auch zur Erholung im Sanatorium Schloss Hausbaden in Badenweiler auf, dessen Chefarzt, Dr. Ell, Oberarzt bei Prof. Heilmeyer gewesen war. Aber es half alles nichts. Die „künstliche Niere", an der fieberhaft gearbeitet wurde, war noch nicht so weit entwickelt, dass der Patient hätte gerettet werden können. Er starb im Juli 1958 in Freiburg und wurde auf dem Caritasfeld des Hauptfriedhofes in Freiburg beigesetzt.

Ich teilte die Todesnachricht seiner Familie und dem Bischof von Hue, Monsignore Urrutia (er stammte aus dem französischen Baskenland) mit. Seither kamen im Lauf der Zeit immer wieder Menschen aus Vietnam, um am Grab ihres Landsmannes zu beten. Unter ihnen der spätere Erzbischof von Hue, Philippe Nguyen Kim Dien, der aus Hue stammende Bischof von Nha Trang und spätere Kurienkardinal Francois-Xavier Nguyen Van Thuan.

Auf diesen ersten Kontakten mit verschiedenen Menschen aus Vietnam folgte bald die erste Begegnung mit Philippe Nguyen Kim Dien auf dem Eucharistischen Kongress in München 1960. Philippe war damals Sekretär von Bischof Nguyen Van Binh der Diözese Can Tho. Wir kannten uns brieflich, da wir beide zur geistlichen Familie von Charles de Foucauld gehörten: Philippe war Ordensangehöriger der Kleinen Brüder Jesu und ich bin Mitglied der entsprechenden Priestergemeinschaft. Er erzählte mir von seiner pastoralen Arbeit im Mekong-Delta. Dabei stellte sich heraus, dass für seine Arbeit dort ein tragbares Tonbandgerät von großem Nutzen wäre. Direktor Vorgrimler genehmigte mir telefonisch den Kauf eines solchen Gerätes in einem Münchner Geschäft. Seit dieser ersten Bekanntschaft hielten wir einen freundschaftlichen Kontakt.

Gegen Ende desselben Jahres 1960 unternahm der Vatikan eine Umstrukturierung der Kirchenhierarchie in Vietnam und ernannte fast durchgehend einheimische Priester zu Bischöfen.

In diesem Zusammenhang wurde der Bischof von Can Tho, Nguyen Van Binh, Erzbischof von Saigon. Der damalige französische Administrator von Saigon, Monsignore Cassaigne, zog sich in die Berge nach Ben San in ein Lepradorf zurück. Als Nachfolger von Bischof Nguyen Van Binh wurde Philippe Nguyen Kim Dien Bischof von Can Tho.

Am 2. November 1963 wurden der erste katholische Staatspräsident Südvietnams, Ngo Dinh Diem, und dessen Bruder ermordet. Der älteste Bruder der beiden Ermordeten war Ngo Dinh Thuc, seit 1960 Erzbischof von Hue. Er hielt sich zur Zeit des Attentats beim Konzil in Rom auf und befand sich daher außer Gefahr. Aus dem Vatikan wurde ihm befohlen, nicht in seine Heimat zurückzukehren und sich nicht zu den politischen Entwicklungen dort zu äußern. Als er es später dennoch tat, wurde er prompt als Erzbischof von Hue abgesetzt. In der Zwischenzeit wurde Philippe Nguyen Kim Dien zusätzlich zu seinem Amt als Bischof in Can Tho zum Administrator des Erzbistums Hue ernannt.

Im Februar 1965 trat ich meine erste Reise nach Asien an, um verschiedene Hilfsprojekte der Caritas in Pakistan (Karachi, Rawalpindi, Peshawar, Lahore) Indien (Delhi) und Thailand (Bangkok) zu besuchen. Ich begrüßte die dort tätigen Mitarbeiter, informierte mich über den Stand der Arbeit und trat auch in Kontakt mit den Bischöfen und Bischofskonferenzen, um für unsere Caritasarbeit zu werben und ihnen darüber zu berichten.

Weiter führte mich die Reise nach Südvietnam – mit Besuchen in Saigon und allen weiteren neun Diözesen zwischen Long Xuyen im Mekong Delta bis hinauf nach Hue im Norden, unweit des Flusses Ben Hai am 17. Breitengrad, der seit 1954 Demarkationslinie zwischen Nord- und Südvietnam war.

> Der Vietnamkrieg, der den Hintergrund für die Einsätze und Reisen Dr. Georg Hüsslers als „Diplomat der Nächstenliebe" bildet, war Folge des Indochina Krieges von 1946 bis 1954. Nach dem Ende des Zweiten Weltkrieges hatte sich Frankreich nicht damit abfinden wollen, Vietnam als Kolonie in Indochina aufzugeben, nachdem sie diese 1941 an Japan hatte abtreten müssen. Nach der Niederlage der Japaner am Ende des Zweiten Weltkrieges und dem Ende der Besatzung beanspruchten die Vietnamesen allerdings ihre Souveränität und lehnten eine Rückkehr zur Kolonialherrschaft Frankreichs ab. Am 2. September 1945 proklamierte Ho Chí Minh in Hanoi die Unabhängigkeit der Demokratischen Republik Vietnam (DRV). Ho Chí Minh war der charismatische Führer seines Volkes und als Vater des Landes zunächst vor allem im Norden geliebt und geachtet. Er hatte sich früh gegen die Kolonialherrschaft in seinem Land aufgelehnt. Bei seinen Auslandsaufenthalten in Frankreich, China und in der UdSSR war er schließlich auch mit dem Gedankengut von Marx und Lenin in Berührung gekommen und strebte in Vietnam eine kommunistische Volksherrschaft an. Als Anführer der Rebellenorganisation Viet Minh kämpfte er zuerst für die Unabhängigkeit seines Landes gegen die Japaner und schließlich gegen die Franzosen. Im März 1946 gelang Frankreich ein Kompromiss mit Ho Chí Minh, indem es zunächst die Unabhängigkeit Vietnams akzeptierte. Im Dezember 1946 entschloss sich die französische Seite allerdings, die Viet Minh militärisch zu bekämpfen und den

alten Status der Kolonie wiederherzustellen. Sie hatten jedoch die Kampfkraft der Viet-Minh-Organisation unterschätzt und zogen sich nach anfänglichen Erfolgen im Jahr 1947 in befestigte Anlagen entlang wichtiger Verkehrswege im Norden Vietnams zurück. Zwei Jahre dauerte die Patt-Situation. Nachdem die Viet-Minh-Armee Hilfe aus dem inzwischen kommunistisch gewordenen China, und Frankreich Unterstützung aus den USA erhalten hatten, kam es im Frühling 1954 zur entscheidenden Schlacht von Dien Bien Phu, bei der die französische Kolonialarmee eine vernichtende Niederlage erlitt. In der Folge wurden Friedensverhandlungen eröffnet und auf der Genfer Indochina Konferenz wurde am 21. Juli 1954 die Teilung Vietnams entlang des 17. Breitengrades beschlossen, mit Nordvietnam unter Führung von Ho Chí Minh und Südvietnam unter dem Präsidenten Ngo Dình Diem. Die USA weigerten sich, dieses Abkommen anzuerkennen.

Aus dieser im Grunde ungelösten Situation war die Entstehung eines Folgekrieges fast unausweichlich. Es herrschte seit kurz nach dem Ende des Zweiten Weltkrieges das Klima des Kalten Krieges und die beiden Großmächte UdSSR und USA führten überall auf der Welt Stellvertreterkriege, um die Machtausbreitung einerseits des Kommunismus und andererseits des Kapitalismus/Imperialismus zu verhindern. So gilt auch der Vietnamkrieg wegen der direkt und indirekt beteiligten Supermächte als Stellvertreterkrieg im Kontext des Kalten Krieges.

Er begann nach der Teilung Vietnams als Bürgerkrieg in Südvietnam. 1960 war aus den Viet Minh die Nationale Front für die Befreiung Südvietnams, die „National Liberation Front", abgekürzt NLF hervorgegangen, bekannt auch unter dem Namen Vietcong. Diese Guerillaorganisation operierte in Südvietnam und beabsichtigte dort die antikommunistische Regierung zu stürzen und das Land wieder zu vereinigen. Die USA kam Südvietnam militärisch zu Hilfe. Ab Herbst 1964 ließ US-Präsident Lyndon B. Johnson Nordvietnam bombardieren und entsandte ab März 1965 immer mehr US-Bodentruppen nach Südvietnam, die dort die NLF bekämpften. Nordvietnam hingegen wurde von der Sowjetunion und der Volksrepublik China massiv unterstützt. Entscheidend für den Verlauf des Krieges war die Tet-Offensive der NLF, die für die Amerikaner und Südvietnamesen völlig überraschend am 30. Januar 1968, am Vorabend des vietnamesischen Neujahrsfestes, dem Tet Nguyen Dan, gestartet wurde. Da sich die meisten südvietnamesischen Soldaten im Feiertagsurlaub befanden, herrschte während der ersten Tage nach dem Überfall Chaos und die Lage war vollkommen unübersichtlich. Auch wenn die USA nach anfänglichen Niederlagen ihre militärischen Positionen zurückerobern konnten, verloren sie bald seitens der eigenen Bevölkerung den Rückhalt für diesen Krieg. Ausschlaggebend dafür waren die Bilder von den brutalen Kämpfen und von Massakern an der vietnamesischen Bevölkerung, die durch die Weltpresse verbreitet wurden.

Von großer strategischer Bedeutung für die nordvietnamesischen Truppen war der sogenannte Ho Chí Minh-Pfad. Es handelte sich um ein Netz von teils breiten Straßen und teils engen Dschungel-Pfaden, über die Truppen und militärisches Gerät transportiert wurden. Um die Wege des Ho Chí Minh-Pfades bei Luftoperationen erkennen zu können, wurden die entsprechenden Regionen zur Entlaubung der Vegetation aus der Luft mit Agent Orange besprüht, ein Pflanzengift, das auch bei den Menschen schreckliche Wunden und Verstümmelungen hinterließ. Weltweit, auch in Deutschland breitete sich vor allem unter der Studentenbewegung der 1968er Jahre der Protest gegen den Vietnamkrieg aus. Nachrichten über die menschenverachtenden Grausamkeiten und sich dagegen auflehnende Bürgerbewegungen schwächten die amerikanische Kriegsführung. Bürgerrechtler wie Martin Luther King und Künstler wie die Folksängerin Joan Baez schalteten sich in den Protest ein. King wurde 1968 ermordet.

Derart unter Druck geraten und schließlich auch mangels militärischer Erfolge, stellte Johnson die Bombardierungen bis November 1968 ein. Sein Nachfolger Richard Nixon zog die US-Truppen ab 1969 schrittweise aus Südvietnam ab und schloss nach neuen Bombardierungen im Januar 1973 einen Waffenstillstand mit Nordvietnam. Bis zum 30. April 1975 eroberten nordvietnamesische Truppen Südvietnam vollständig und beendeten den Krieg. Darin starben zwischen zwei und vier Mio. vietnamesische Zivilisten und über 1,3 Mio. vietnamesische Soldaten sowie 58.220 US-Soldaten und 5.264 Soldaten ihrer Verbündeten. Millionen Vietnamesen wurden verstümmelt und dem hochgiftigen Entlaubungsmittel Agent Orange ausgesetzt.

Aber wie sich schon nach der Landesteilung 1954 große Flüchtlingsströme von Nord- nach Südvietnam, nach Frankreich und anderen Ländern ergossen hatten, so begaben sich auch vor und nach dem Sieg der Kommunisten am 30. April 1975 viele Vietnamesen getrieben von Existenznot und Angst vor Racheakten der Sieger auf die Flucht. Es galt die Devise: „Rette sich wer kann!" Die einzige Hoffnung auf Rettung bestand für viele in einer Flucht übers Meer, wobei unzählige den Tod fanden. In Vietnam begann die Zeit der „Umerziehungslager", sprich Straflager, der Umsiedlung mit Zwangsarbeit, der Indoktrinierung und der Enteignungen. Besonders ins Visier gerieten Katholiken, aber auch Buddhisten, die 1954 vom Norden in den Süden geflohen waren. Die offizielle Einstellung der katholischen Kirche zur kommunistischen Ideologie und deren menschenverachtender Methoden war international bekannt. Christen galten daher pauschal als Bürger zweiter Klasse. Vor allem Bischöfe und Priester standen unter ständiger Überwachung und konnten ihre Arbeit nur mit Genehmigung der Börden ausüben. Viele kamen ohne Prozess oder Verurteilung ins Gefängnis oder in Straflager. Auch alle Caritaseinrichtungen wurden aufgelöst und deren Eigentum konfisziert.

Die Verbliebenen erlebten Zeiten des Schreckens und waren aller Rechte beraubt. Sie fühlten sich von den USA und den westlichen Ländern im Stich gelassen. Auf Drängen der Kirchen mit Caritas und Diakonie hat in der Folge die Bundesregierung die sogenannten „Boat Peoples" aus Vietnam, Kambodscha und Laos aufgenommen. Die Caritas setzte sich in Zusammenarbeit mit anderen Wohlfahrtsverbänden intensiv für die Förderung und Unterstützung diese Flüchtlinge ein. Dank staatlicher Hilfen und der Mitarbeit zahlreicher Haupt- und Ehrenamtlicher Mitarbeiter und nicht zuletzt der Eigeninitiative der Vietnamesen ist die Integration vorbildlich gelungen. Die Aufnahmequote lag zu Beginn bei 20.000 Flüchtlingen wurde aber aufgrund der großen Not in den asiatischen Flüchtlingslagern weiter aufgestockt. Die nachfolgenden Familienzusammenführungen führten dazu, dass heute bei uns rund 100.000 Vietnamesen leben und arbeiten.

Dr. Georg Hüssler kommt auf seinem Weg nach Vietnam auch durch das kommunistische China, das sich gerade im Taumel der Kulturrevolution befand. Sie war vom kommunistischen Führer des Landes Mao Zedong 1966 in Gang gesetzt worden. Begonnen hatte sie als eine Bewegung zur Beseitigung von Missständen in Staat und Gesellschaft und war als solche von großen Teilen der Bevölkerung begrüßt worden. Statt wie geplant ein halbes Jahr dauerte sie bis zu Maos Tod im Jahr 1976. Im Zuge der Kulturrevolution kam es zu massenhaften Verfolgungen von Dissidenten und Andersdenkenden. Ausgetragen wurde ein innerparteilicher Machtkampf, bei dem sich Mao Zedong im Wesentlichen behaupten konnte. Es kam unter der Bevölkerung zu schrecklichen Schikanen, massiven Menschenrechtsverletzungen, willkürlichen Verhaftungen, Folter, Beschlagnahmungen, Verschleppungen und öffentlichen Demütigungen. Die Zahl der Todesopfer wird auf 20 Millionen Menschen geschätzt. Außerdem fielen der zerstörerischen Gewalt der Kulturrevolution auch viele wertvolle Kulturgüter und religiöse Einrichtungen zum Opfer.

Zur Zeit der chinesischen Kulturrevolution war auch die kleine rote Mao-Zedong-Bibel hauptsächlich in China, aber auch unter den linken Anhängern der Studentenbewegung in Europa, stark verbreitet. In dem Büchlein sind Zitate und Veröffentlichungen Mao Zedongs zusammengefasst. Es enthält das wichtigste Gedankengut des Maoismus, einer chinesischen Ausprägung des Kommunismus. Als Dr. Hüssler in China war, wurde von jedem Chinesen erwartet, das rote Büchlein bei sich zu tragen und sich mit dessen Inhalt zu identifizieren. Nach Maos Tod verlor seine Bibel gemeinsam mit seiner Lehre an Bedeutung. Im heutigen immer noch offiziell dem Kommunismus verpflichteten China ist von der Strenge des Maoismus kaum noch etwas zu spüren.

Zum Zeitpunkt meiner Reise im Februar 1965 hatte der eigentliche Krieg der USA gegen Nordvietnam noch nicht begonnen. In Saigon wurde ich sehr herzlich empfangen. Erzbischof Binh kam persönlich an den Flugplatz und nahm mich als Gast in seinem Haus auf. Mir machte das tropische Klima in Vietnam schwer zu schaffen. Die Nacht brachte keine Erholung, weil ich so schwitzte, dass ich kaum schlafen konnte. Klimaanlagen gab es damals noch nicht, nur riesige Ventilatoren an der Decke. Der Franzose Yves Morellet, Angehöriger der Ordensgemeinschaft der Kleinen Brüder Jesu, der ausgezeichnet vietnamesisch sprach, war mein Reisebegleiter. Er kannte sich hervorragend aus und führte mich wunderbar in die Geheimnisse des Landes ein. Mein Hauptreiseziel war Hue, die alte Kaiserstadt, Hauptstadt Vietnams von 1802 bis 1945. Hier war Bischof Philippe Administrator und ich hielt mich mehrere Tage bei ihm auf. Generalvikar und gleichzeitig Regens des Priesterseminars war Francois Xavier Nguyen Van Thuan. Philippe zeigte mir die ehemalige Kaiserstadt, die herrlichen Pagoden am Fluss der Wohlgerüche, die Kaisergräber und führte mich auch zur Benediktinerabtei Thien-An. Im katholischen Stadtteil Phu-Cam stand der angefangene Neubau der Kathedrale. Monsignore Ngo Dinh Thuc, der ehemalige Erzbischof von Hue hatte die alte neugotische Kirche abreißen und einen Neubau beginnen lassen. Die Kathedrale wurde trotz aller Kriegswirren der folgenden Jahre fertig gebaut und steht bis heute.

Zurück zum Februar 1965: In Hue befand sich damals Dr. Raimund Discher, Internist, mit seiner Frau Hannelore, Medizinisch Technische Assistentin, und ihrer Tochter Susanne, die dort zur Welt gekommen war. Außerdem arbeiteten Herr Prof. Dr. Horst-Günther Krainick und seine Frau Elisabeth als Kinderärzte in einem Partnerschaftsprogramm mit der Universitätsklinik Freiburg in Hue. Ich besuchte die Ärzte in der Klinik und war Gast der Familien in ihrer Wohnung. Dr. Krainick war ein begeisterter Arzt, der es verstand, den Studenten viel fachliches Wissen und ärztliches Ethos zu vermitteln.

Auf meiner Reise kam ich auch nach Qui Nhon, einem kleinen Küstenstädtchen, wo sich mir ein seltsames Bild bot: Auf dem Platz vor der Kathedrale hatten sich etwa 2.000 Flüchtlinge in selbstgebastelten Notunterkünften niedergelassen. Sie lebten mit ihren

Familien in unvorstellbarer Enge. Pater Joseph So, der vom Bistum ernannte Caritaspfarrer erklärte mir, dass die Flüchtlinge, wie er selbst auch, aus den Nachbardörfern kämen. Es gab in der Gegend rein katholische Dörfer, die schon vor langer Zeit missioniert worden waren und deren Einwohner sehr schöne Kirchen und zahlreiche Kapellen errichtet hatten. Daneben befinden sich rein buddhistische Dörfer. In das Dorf der Flüchtlinge fielen eines Tages die Vietcong ein, erstachen vor den Augen aller den Bürgermeister und einige „Notabeln", um die Einwohner in Angst und Schrecken zu versetzen, was ihnen auch gründlich gelang. Die Menschen aus dem Dorf flohen in Panik nach Qui Nhon. So geschah es in vielen Teilen Südvietnams. Die Städte waren zum damaligen Zeitpunkt so gut wie sicher, während das restliche Land vom Vietcong beherrscht wurde. Wenn man von einer Stadt zu einer anderen reisen wollte, musste man sich vorher bei den zuständigen Pfarrern oder beim Bischof genau über die jeweils herrschende Situation erkundigen. In späteren Jahren hatte ich als Ausländer im Falle unsicherer Situationen die Möglichkeit, mich beim nahegelegenen amerikanischen Flugplatz zu erkundigen, wann ein Flugzeug oder ein Hubschrauber in die gewünschte Gegend flöge. Bei diesen Flügen gab es weder eine Passkontrolle noch musste man bezahlen. Hervorzuheben ist, dass die Bischöfe von dieser Möglichkeit keinen Gebrauch machten. Sie flogen entweder mit der zivilen Air Vietnam oder sie nahmen den mühsamen Landweg, um eine zu große Nähe zur amerikanischen Armee zu vermeiden.

In besonderer Erinnerung ist mir eine Reise mit dem Erzbischof von Saigon, Nguyen Van Binh, geblieben. Wir fuhren mit seinem Auto und am Lenkrad saß sein Chauffeur, ein wahrer Künstler am Steuer, der sich, ohne je einen Kratzer am Auto zu verursachen, virtuos durch das Gewühle von Mopeds, Fahrrädern, Autos, Panzern, Rikschas, Lastwagen und Bussen lavierte und mit ebensolchem Geschick das Auto auf die stets überfüllten Fähren steuerte, die wir zum Überqueren der vielen Mekong-Arme benutzen mussten. Die Reise ging nach Dalat, im nördlichen Hochland. Das Städtchen liegt 1.500 m hoch, ist angenehm kühl und war ehemals ein beliebter Erholungsort der französischen Verwalter und Offiziere und deren Familien. Auf halbem Weg dorthin liegt im Wald das Dörfchen Ben

San. Die Gegend ist, wie das gesamte Hochland Vietnams von Norden bis Süden von den Ureinwohnern des Landes besiedelt. Sie unterteilt sich in zahllose Stämme mit unterschiedlichen Sprachen. Die Patres der Missions Etrangères de Paris MEP, die seit dem 17. Jahrhundert als Missionare in Asien tätig waren, hatten nicht nur Kirchen, sondern auch Schulen errichtet. Sie hatten die uralte Kultur dieser Menschen respektiert und sie vor der Verachtung der Vietnamesen geschützt, die sie aus der fruchtbaren Ebene ins Hochland verdrängt hatten. In Ben San hatte Monsignore Cassaigne, der ehemalige Bischof von Saigon, ein Lepradorf aufgebaut. Dort besuchten wir ihn. Er war der Vater dieses Dorfes, sprach die Sprache seiner Bewohner und sorgte nicht nur für die medizinische Behandlung der Kranken sondern auch für ein fast normales Leben im Dorf. Die Wiedersehensfreude der beiden Bischöfe war riesengroß. In diesem Zusammenhang gehört erwähnt, dass in der Vergangenheit der gestrenge Cassaigne den jungen Pfarrer Binh wegen „Disziplinlosigkeit" in diese Gegend hatte strafversetzen lassen. Bei diesem freudigen Wiedersehen, dachte keiner der beiden mehr an diese längst vergangene Geschichte. Im Jahr nach unserem Besuch verstarb Cassaigne, der sich mit Lepra infiziert hatte. Er musste qualvoll leiden, weil die Lepra das Rückenmark angegriffen hatte und es in dieser weltfernen Gegend keine starken Schmerzmittel gab.

Wir fuhren nach diesem Besuch zurück nach Saigon. Von dort ging es mit der amerikanischen Fluglinie Pan Am nach Hong Kong, wo ich den deutschen Priester Carl Vath besuchte. Er war Gründer und Leiter der Caritas Hong Kong. Wir hatten von 1948 bis 1952 miteinander in Rom studiert, er im Beda-Institut für englische Spätberufene, ich am Collegium Germanicum-Hungaricum. Beide Kollegien lagen in der Via San Nicola da Tolentino. Monsignore Bianchi, Bischof von Hong Kong, beauftragte Carl Vath 1952 mit der Betreuung der unzähligen Flüchtlinge, die vom Festland, dem kommunistischen China, nach Hong Kong kamen. Die Caritas Hong Kong entwickelte sich unter der Leitung seines Gründers zu einer außergewöhnlichen Erfolgsgeschichte, die Georg Specht in seinem Buch „Tai-Pan der Armen"[17] beschrieben hat.

---

[17] Georg Specht: Tai-Pan der Armen, Lambertus-Verlag, Freiburg 1993.

Erzbischof Schäufele aus Freiburg hatte mir eine Spende von 30.000 DM für eine mobile Zahnpflegestation mitgegeben, an deren feierlicher Einweihung ich teilnehmen sollte. Leider hatte mein Flugzeug 90 Minuten Verspätung und eine illustre Gesellschaft mit Bischof und dem deutschen Generalkonsul wartete in der Caine Road in Hong Kong auf mein Erscheinen. Carl Vath holte mich direkt am Flugzeug ab und fuhr mich in rasendem Tempo von Kowloon auf die Fähre (es gab damals noch keinen Tunnel) und weiter nach Hong Kong und diktierte mir unterwegs die Rede, die ich bei der Überreichung der Spende halten sollte: „Your Excellency, Ladies and Gentlemen, I have the honour..." Alles klappte, wenn auch in letzter Minute, perfekt, ich durfte die Schlüssel des Fahrzeuges dem Bischof übergeben und beim Buffet gab es bayerisches Bier in Maßkrügen.

Die Eindrücke dieser ersten Hong Kong Reise waren überwältigend. Vaths berühmte Nudelfabriken produzierten bereits auf Hochtouren und ernährten über zahlreiche Verteilerstellen Zehntausende Flüchtlinge (nachzulesen ebenfalls bei Specht, „Tai-Pan der Armen").

Von Hong Kong bin ich dann weiter nach Colombo in Sri Lanka geflogen, wo ich in Negombo, eine etwa 40 km nördlich von Colombo gelegene Küstenstadt, Joe Fernando traf, der später Mitarbeiter im Generalsekretariat von Caritas Internationalis in Rom wurde.

Von dort ging es per Flugzeug nach Madras, dem heutigen Chennai an der Ostküste Südindiens. Ich besuchte dort Bischof Parecatelli. Die Reise führte mich weiter per Bahn nach Salem im südindischen Bundesstaat Tamil Nadu, von wo aus ich Frau Dr. Elisabeth Vomstein in dem von ihr hervorragend geführten Lepradorf in Settipatty einen Besuch abstattete. Der Kontakt zwischen den Streitern an der vordersten Front der Elendsbekämpfung und den Vertretern der Caritasorganisation ist für beide Teile sehr wichtig. Ihm entspringen immer wieder neue Impulse und er festigt das Gefühl der Zusammengehörigkeit.

Über Bangalore und Bombay kehrte ich schließlich zurück nach Frankfurt.

Mir stellt sich heute die Frage, wie ich mir als Generalsekretär eine Abwesenheit von fünf Wochen erlauben konnte? Die Antwort lautet, dass einerseits Präsident Stehlin seine Zustimmung erteilte und einen großen Teil meiner Arbeit übernommen hatte und andererseits Hannes Kramer das Büro mit den tüchtigen Sekretärinnen perfekt geleitet hat. Außerdem stand im Hintergrund immer Direktor Martin Vorgrimler, der alles wusste, in allem kompetent war, hauptsächlich was Personalfragen betraf. Und die Auslandsabteilung war bei Dr. Cilly Böhle in bester Hand.

Im Oktober 1965 tagte die Generalversammlung der Caritas Internationalis in Rom im Domus Mariae. Erzbischof Philippe Dien war Leiter der vietnamesischen Delegation. Er befand sich als Teilnehmer am II. Vatikanischen Konzil[18] wie die meisten vietnamesischen Bischöfe bereits in Rom und berichtete mit bewegenden Worten über die Situation in seiner Heimat. Zutiefst betroffen schlug Monsignore Rodhain, Präsident der Caritas Internationalis, der Generalversammlung vor, einen allgemeinen Aufruf zur Hilfe in Vietnam zu starten – und zwar bewusst für Süd- und Nordvietnam. Damals bestanden noch keinerlei Beziehungen nach dem Norden und es war auch kein Bischof von dort zum Konzil erschienen.

Im Frühjahr 1966 unternahm ich eine zweite kürzere Reise nach Vietnam. Der Krieg war inzwischen unter Präsident Johnson und seinem Verteidigungsminister Mc Namara eskaliert. Die Reise führte mich wieder nach Hue und bis an den Ben Hai Fluss. Mit dem Fernglas konnte ich das nordvietnamesische Ufer gut erkennen. Um die Städte im Süden des Landes waren die Flüchtlingsscharen gewachsen. Lebensmittel und Wellblech zum Bau von Baracken wurden von den Amerikanern geliefert.

Aufgrund meiner Berichte über die Situation in Vietnam, die ich nach meinen Reisen 1965 und 1966 vorlegte, fasste die Bischofskonferenz den Entschluss, die südvietnamesische Caritas auf nationaler und diözesaner Ebene besser zu strukturieren. Wir haben dafür gesorgt, dass in jeder Diözese – es waren damals 10 – ein Caritasverband eingerichtet wurde, dem ein örtlicher Priester vorstand. Diese Entscheidung war notwendig geworden, weil sich die Situation der

---

[18] Das Zweite Vatikanische Konzil *(Vaticanum II)*, fand vom 11. Oktober 1962 bis zum 8. Dezember 1965 statt. Es wurde von Papst Johannes XXIII. mit dem Auftrag zu pastoraler und ökumenischer Erneuerung einberufen.

7 Die gewaltige Herausforderung im Vietnamkrieg

1966, Aufbau und Strukturierung der süd-vietnamesischen Caritas
auf nationaler und diözesaner Ebene

Zivilbevölkerung zunehmend verschlechterte und sich auch in naher Zukunft nicht verbessern würde. Als Basis für unsere Hilfe benötigten wir gut funktionierende örtliche Caritasverbände. Die einzelnen Caritasdirektoren leisteten zum Teil hervorragende Arbeit, die etwas langsameren lernten von den schnelleren. Die Talente waren auch hier unterschiedlich verteilt. Der Caritas-Nationaldirektor Pater Vu war zum Beispiel sehr versiert auf dem Gebiet der Pastoral- und Sozialarbeit für Blinde, verstand sich hingegen weniger aufs Organisieren größerer Projekte.

Da traf der neue Bischof von Nha Trang, Monsignore Francois Xavier Nguyen Van Thuan eine wichtige Entscheidung: Neben der Caritas gründete er eine zweite Hilfsorganisation, die COREV, Commission for Refugees in Vietnam. Seltsamerweise kam es nicht zu einem Zerwürfnis zwischen den beiden Organisationen. Und wir Ausländer waren froh, wenn die Hilfe an die Leute kam und korrekt Rechenschaft geleistet wurde. Über einen guten Überblick verfügte der Nuntius Monsignore Henry Lemaitre, ein Flame aus Antwerpen. Ich habe ihn als einen wunderbaren Menschen und guten Freund in Erinnerung, der imstande war unermüdlich bis in die Nächte hinein zu arbeiten.

Als der südvietnamesische Staat mit dem Königreich Kambodscha die Rückwanderung von 200.000 Vietnamesen vereinbarte, die seit Generationen in Kambodscha angesiedelt waren, wurden diese Menschen mit Gepäck und Hausrat auf Booten den Mekong abwärts nach Vietnam transportiert. Da es im Mekong-Delta kein freies Siedlungsgebiet mehr gab – das letzte freie Land war 1954 an die 900.000 Umsiedler und Flüchtlinge aus Nordvietnam abgegeben worden – wurde ihnen ein 200 km langer Küstenstreifen am Chinesischen Meer südlich von Nha Trang zugewiesen. In aller Stille und Unauffälligkeit bereiste Bischof Thuan die unwirtliche Gegend, sprach den Leuten Mut zu und gab ihnen Ratschläge. Jede Familie erhielt zwei Ar Brachland oder Urwald. Im ersten Jahr kamen nur Männer, rodeten das Land und bauten erste Hütten. Im zweiten Jahr kamen die Frauen und Kinder aus den Lagern.

1965, vor der Chuttoa Pagode in Saigon, Mitte Oberin Rev. Dan Huong, rechts außen ein Herr von der Deutschen Botschaft (123/10)

Als Dr. Scheu, Pressesprecher des DCV, und ich im Jahr 1968 die Gegend bereisten, gerieten wir in großes Staunen: Eine Perlenkette von wunderschönen Häusern, die Großfamilien beherbergten, mit Gärten, Blumen, Palmen, Bambus und dazwischen Schweinen und Federvieh entfaltete sich entlang des Küstenstreifens. Getrieben von sozialer Sorge, gestützt durch seine exzellenten politischen Beziehungen und dank seiner Freundschaft mit Nuntius Henry Lemaitre, war Bischof Thuan gleichsam die Seele dieser Dörfer und hatte dem Experiment eine ganz besondere Triebkraft verliehen.

Der Aufruf von Caritas Internationalis vom Oktober 1965 sollte auch in Deutschland veröffentlicht werden. Im Herbst war das nicht möglich, weil er mit dem alljährlichen Spendenaufruf von Adveniat, dem 1961 gegründeten bischöflichen Hilfswerk für Lateinamerika der Katholischen Kirche in Deutschland, kollidiert hätte. Daher erfolgte der Aufruf zur Hilfe für Nord- und Südvietnam erst im Januar 1966 – und zwar auf ökumenischer Basis mit den Unterschriften von Kardinal Julius Döpfner auf katholischer und Präses Kurt Scharff auf evangelischer Seite. Auch die Präsidenten Theodor Schober vom Diakonischen Werk der Evangelischen Kirche, und Albert Stehlin von der katholischen Caritas unterzeichneten den Aufruf. Journalisten, die uns nach Projekten in Nordvietnam fragten, mussten wir allerdings vorerst verlegen antworten, dass wir keine hätten.

Etwa zu diesem Zeitpunkt erhielt ich den Besuch von Pastor Cloppenburg mit einer Gruppe Angehöriger eines evangelischen Friedensbundes. Sie erkundigten sich nach Projekten in Südvietnam, die keinen kirchlichen Träger hätten. Wir konnten ihnen die Sozialinitiativen der Pagode Phuoc Hoa in Saigon anbieten, die von der buddhistischen Priorin Dam Huong geleitet wurde.

Zwei ihrer Bonzinnen (buddhistische Nonnen), Dam Luu und Tin Bic, studierten an unseren Fachschulen für Sozialhilfe und Sozialpädagogik in Freiburg. Die Priorin Dam Huong habe ich 1975 kurz vor dem Einmarsch der Nordvietnamesen besucht, als sie todkrank darniederlag. Diese hochgebildete und weitgereiste Frau widmete sich mit hoher Kompetenz der Umsetzung sozialer Projekte. Im Juni 1966 suchte sie Unterstützung für den Bau und die Ausstattung eines Kindergartens in einem Armenviertel im Norden der Stadt. Sie war dankbar für jede Hilfe. Pastor Cloppenburg übernahm die Projekte, konnte uns aber im Gegenzug keine konkreten Projekte im Norden nennen.

Im Juni 1966 besuchte mich Herr Prof. Dr. Walter Fabian mit seiner Frau Anne-Marie. Er war Chefredakteur der Gewerkschaftlichen Monatshefte und berichtete mir von seinen sehr guten Beziehungen nach Nordvietnam. Dabei erwähnte er eine geplante Gruppenreise nach Hanoi und fragte mich, ob ich interessiert sei, daran teilzunehmen. Ich antwortete leichtfertig: „Aber sicher, Reisen macht immer schlauer."

Zu meiner großen Überraschung kam Anfang Oktober 1966 ein Anruf von Frau Fabian: Die Einladung nach Hanoi sei eingetroffen, Delegationsleiter sei der evangelische Kirchenpräsident Martin Niemöller. Ich stünde auf der Liste mit zwei weiteren Personen. Wenn ich interessiert sei, solle ich den Pass für die Besorgung der Visa einschicken. Ich bat um zwei Tage Zeit, um meine Vorgesetzten zu konsultieren.

Da saß ich nun ziemlich perplex in meinem Büro im alten Werthmannhaus. Was tun? Wer konnte mich beraten? Nach einiger Überlegung rief ich im Vatikan meinen Freund Monsignore Bruno Wüstenberg, Leiter der deutschen Sektion des Staatssekretariats an: „Bruno, ich habe eine Einladung nach Nordvietnam. Interessiert euch das? Was soll ich tun? Ich bitte um Antwort in zwei Tagen, damit ich meinen Pass einreichen kann."

Inzwischen ging ich zur Passbehörde der Stadt Freiburg und erhielt ohne weiteres einen neuen Pass. Zwei Tage später rief der treue Bruno Wüstenberg pünktlich an: „Hier herrscht große Aufregung. Die Sache ging bis zum ‚Chef' (Papst Paul VI.). Du sollst die Einladung annehmen und so schnell wie möglich in den Vatikan kommen."

An diesem Punkt informierte ich Präsident Stehlin und erklärte ihm die Sachlage. Er hörte aufmerksam zu und meinte: „Nun fahre erst einmal nach Rom." Ebenso war die Reaktion von Martin Vorgrimler.

Ich schickte also meinen Pass an die einladende Stelle in Köln-Müllheim und nahm in Basel ein Flugzeug nach Rom. In Rom angekommen besuchte ich als erstes meinen Freund Bruno Wüstenberg im Staatssekretariat. Dieser führte mich zu seinem Vorgesetzten Monsignore Dell'Acqua, Substitut des Staatssekretariats, den ich bereits kannte. Er dankte mir für meine Bereitschaft zur Zusammenarbeit. Sie war ihm sehr wichtig, da der Vatikan kaum über Kontakte nach Nordvietnam verfügte. Dann wünschte er mir eine gute Reise und bat um meine Rückmeldung danach. Ähnlich verlief der Besuch beim Staatssekretär Kardinal Cicognani. Er bestellte mir einen Dienstwagen, der mich zur Congregazione Propaganda Fide, der Kongregation für die Evangelisierung der Völker, an der Piazza di Spagna brachte. Der Sekretär dieser Kongregation, Erzbischof Sigismondo, informierte mich über die Bischöfe und Koadjutoren in Vietnam und wünschte mir ebenfalls alles Gute. Am Abend dieses Tages offenbarte mir Bruno Wüstenberg – ich wohnte bei ihm im Collegio Teutonico, dem deutschen Priesterkolleg beim Campo Santo Teutonico – morgen sei ich um 10 Uhr zur Audienz beim Heiligen Vater bestellt. Da ich keine Soutane mitgenommen hatte, lieh er mir seine. Im Vorzimmer im zweiten Stock des Damasushofes wartete ich sehr gespannt und konzentriert. Es waren einige Besucher vor mir an der Reihe, ich war der Letzte. Dann war ich allein mit dem Papst im Audienzsaal. Er dankte für meinen Besuch und für meine Bereitschaft nach Nordvietnam zu reisen. Ich bekäme zwar keinen offiziellen Auftrag, solle aber allen, denen ich begegne, Bischöfen, Priestern, Nonnen sowie Politikern sagen, der Papst tue alles für den Frieden in Vietnam. Auch solle ich Pastor Niemöller, der ihn einmal besucht habe, freundlich grüßen. Dann erteilte er mir den Reisesegen.

Außerhalb des Staatssekretariats informierte ich in Rom nur Carlo Bayer von Caritas Internationalis über meine bevorstehende Reise und kehrte sofort nach Freiburg zurück.

Hier setzte Prälat Stehlin in der Direktionssitzung den Punkt „Entscheidung über die Reise nach Nordvietnam" auf die Tagesordnung. Herr Vorgrimler dazu: „Was heißt hier Entscheidung? Roma locuta, causa finita (Rom hat gesprochen, der Fall ist erledigt). Nächster Punkt!" Damit war meine aufregende Reise in den Alltag der Caritasarbeit integriert. Dann ging ich zum Freiburger Erzbischof Hermann Schäufele. Dieser hörte aufmerksam zu, schüttelte dabei etwas den Kopf und sagte schließlich: „Das ist zwar etwas verrückt, was du da vorhast, aber wenn der Papst dafür ist, dann fahr ruhig!"

Ich muss hinzufügen: Ich hatte während der ganzen Reise ins völlig Ungewisse immer das Gefühl einer besonderen Sicherheit und innerer Ruhe.

Zuvor aber musste die Reise erst einmal verschoben werden, da Pastor Niemöller unter Herzbeschwerden litt. Die Abreise erfolgte nach Weihnachten 1966.

Die Delegation traf sich am Frankfurter Flughafen. Außer Niemöller und mir gehörten zwei Journalisten von den Nürnberger Nachrichten dazu. Wir flogen nach Paris, um bei der dortigen chinesischen Botschaft das Transitvisum zu erhalten. Nach einer Stunde Wartezeit erhielten wir die Visa, alles in chinesischer Schrift, außer den Namen und dem Datum.

Die Pakistan International Airlines PIA verfügte damals als einzige Fluglinie über eine Einreiseerlaubnis nach China. Die Boeing 707 machte Stopps in Karachi und Dacca (damals Westpakistan). Während des Weiterflugs las ich von Teilhard de Chardin „La messe sur le monde". In meinem Kopf kreiste die Frage: Was wird uns dort erwarten?

7 Die gewaltige Herausforderung im Vietnamkrieg

Am 31. Dezember 1966 um 18 Uhr Landung in Shanghai – freundlicher Empfang – problemlose Passkontrolle. Es war allgemein eine euphorische Stimmung und Begeisterung über die Kulturrevolution wahrnehmbar. 20 Uhr dann Weiterflug mit einer chinesischen Maschine – bis auf uns Europäer voll mit Armeeangehörigen. Es wurden die ganze Zeit heroische Lieder gesungen und Gedanken von Mao Zedong aus dem roten Büchlein, der sogenannten Mao-Bibel gelesen.

Ankunft in Peking 22 Uhr. Stimmungswechsel. Sehr kalte Temperatur. Bald verliefen sich alle Passagiere. Wir saßen allein da und das Personal wusste nichts mit uns anzufangen. Offensichtlich waren wir nicht angemeldet. Kurz vor Mitternacht holten uns zwei Taxis ab. In den ungeheizten Autos waren wir bei einem Fahrtempo von nicht über 30 km/h eine Stunde unterwegs. Um Mitternacht stieß mich einer der mitreisenden Journalisten in die Seite: „Prost Neujahr!"

Wir übernachteten in dem notdürftig geheizten Hotel der Nationen. Präsident Niemöller und ich teilten uns ein Zimmer. Früh morgens hörten wir laute Rufe von der Straße. Tief unten vor dem Hochhaus sahen wir jubelnde Menschen mit roten Fahnen. Im Hotel waren wir, außer einer rumänischen Militärkapelle, die einzigen Gäste. China war damals mit allen Satellitenstaaten der Sowjetunion verkracht, außer mit Präsident Ceausescu von Rumänien.

Nach dem Frühstück Besichtigung der Stadt. Es war sonnig, aber grimmig kalt. Die ganze Stadt befand sich in einem einzigen Tumult, Meere von Fahnen, unzählige Wandbemalungen, Leute, die Zeichen auf die Straße schrieben, andere, die dagegen protestierten. Verstanden haben wir das alles nicht, aber wir haben viel fotografiert. Zum Essen und um uns zu erwärmen kehrten wir ins Hotel zurück. Der Konsul der DDR kam, um den Leninpreisträger Niemöller zu begrüßen. Wir haben ihm von unserem Ausflug berichtet und er wunderte sich, dass uns nichts passiert sei. Er sei schon verprügelt worden und andere östliche Diplomaten auch.

Am anderen Morgen, 2. Januar 1967, ging es um fünf Uhr mit dem Bus zum Flugplatz. Es war sehr kalt und der Bus ungeheizt. Auch hier rezitierte der begleitende Polizist ewig lange Passagen aus dem roten Büchlein.

Abflug mit einer viermotorigen Propellermaschine, eine Imitation der britischen Vickers Viscount. Etwa 40 Passagiere, Russen, DDR-Leute, Tschechen und Kubaner flogen mit uns. Nach dem Start und vor dem Landen las die Stewardess im blauen Mao-Look aus dem roten Büchlein, dann stellte sie sich unter das Bild von Mao, das über der Tür im Cockpit hing, drückte das Büchlein an ihr Herz und sang einen Hymnus auf den „großen Steuermann". Wir hatten den Wortlaut in lateinischer Schrift vor uns und mit der Zeit lernten wir den Text und sangen mit. Nach eineinhalb Stunden Flug in Richtung Süden Zwischenlandung in Wuhan mit Pause und Essen am Flugplatz. Ein weiterer anderthalbstündiger Flug brachte uns nach Nanning in Südchina. Hier herrschte ein angenehmes Klima. Wir erhielten wieder ein Essen. Ich kaufte einige Souvenirs und Postkarten. Auch bat ich das Personal um Mao-Bibeln in Englisch, Französisch und Chinesisch. Mit dem Abflug wurde bis zur Nacht gewartet, weil der Anflug auf Hanoi wegen der Gefahr durch amerikanische B 52-Bomber in der Dunkelheit erfolgen musste.

Auf diesem letzten Flug am 2. Januar wünschte sich die Stewardess ein Lied von uns Deutschen: „I always sing chineese songs, now you Germans sing german songs." Sie sprach uns an, weil wir ganz vorn saßen. Wir versuchten es in unserer Verlegenheit mit „Sah ein Knab ein Röslein stehn", wobei unsere vier Männerstimmen nicht sehr harmonisch klangen. Auf ihre Bitte hin übersetzte einer unserer Herren den Inhalt es Liedes. Da verzog sie das Gesicht – die Geschichte von der Rose, die stach und bei der es sich offensichtlich um ein Mädchen handelte gefiel ihr gar nicht, wahrscheinlich war sie nicht konform mit Maos Lehre von der Emanzipation der Frau. Ich sagte, „jetzt sind wir blamiert, habt ihr nicht etwas Sozialistisches?" Wir kamen auf das schöne Lied „Brüder zur Sonne zur Freiheit", mit dem wir mehr Erfolg hatten und großen Applaus auch von den anderen Fluggästen aus Russland, Kuba, der DDR und auch aus Vietnam ernteten.

> Wenn Dr. Hüssler von diesem Erlebnis erzählte, musste er jedes Mal von Herzen lachen.

Die Landung in Hanoi erfolgte bei Nacht auf dem Flughafen Noi Bai. Die Atmosphäre hier war völlig anders. Alles sprach leise und gedämpft, vier junge Damen brachten für jeden von uns einen großen Schwertlilienstrauß und ein Herr hielt eine Begrüßungsansprache, die übersetzt wurde. Danach bekam jeder einen Wolga, die russische Limousine der politischen Oberschicht, mit Fahrer und Dolmetscher zugeteilt, dazu für alle Fälle ein Tarnnetz und einen Helm sowjetischer Fabrikation. Eine lange Fahrt führte zum Schluss über die notreparierte Brücke in die Stadt zum Hotel Metropole, ein ehemals vornehmes, jetzt aber ziemlich heruntergekommenes Hotel. In Hanoi blieben wir acht Tage.

Jeden Morgen fand ein Frühstück und Briefing mit unseren Begleitern statt. Dann ging es immer mit allen vier Wolgas (russischer Mittelklasse-Wagen) auf Besichtigungstour. Besonders auffällig waren in der Stadt Zementrohre, die auf den Gehwegen alle zwei bis drei Meter senkrecht in den Boden eingelassen waren. Sie hatten einen Durchmesser von 80 cm und eine Tiefe von 1,60 Meter und dienten als Schutz für je eine Person. Bei Alarm sprangen alle prompt in diese Schutzlöcher. Auch wir folgten ihrem Beispiel und setzten dazu auch die mitgeführten Helme auf. Das gab martialische Fotos.

Alarme haben wir in der Stadt mehrere erlebt, Angriffe keine. Nur einmal, etwa 50 km südlich der Stadt überraschte uns ein Angriff der amerikanischen B-52 Maschinen. Wir waren in der Nacht hinausgefahren worden, um die Zerstörungen durch Bombenangriffe zu besichtigen. Um uns fanden starke Truppenbewegungen statt, die in Richtung Süden zu dem berüchtigten Ho Chí Minh Pfad unterwegs waren, der von den Amerikanern zur Entlaubung mit Agent Orange übergossen wurde. Es waren junge Soldaten. Sie ermunterten sich gegenseitig und machten sich über uns Autopassagiere lustig. Was wird aus ihnen werden, dachte ich mir. Wie viele von ihnen werden wieder nach Hause kommen?

Zu besichtigen war zunächst das Dokumentationszentrum für die Schlacht von Dien Bien Phu 1954 gegen die Franzosen. In einem großen Saal stand eine Nachbildung der Hochebene von Dien Bien Phu mit Lichtchen, die begleitet von einem englischsprachigen Kommentar an- und ausgingen. Dieses Modell soll heute noch den Touristen vorgeführt werden.

Besonders wichtig war unseren Gastgebern ein Besuch bei Oberst Ha Van Lau von der „Kommission zur Untersuchung amerikanischer Kriegsverbrechen". Wir bekamen auch Dokumentarfilme über angebliche Gräueltaten der Amerikaner zu sehen. Insgesamt waren wir einer starken politischen Propaganda ausgesetzt. Ein anderer Besuch galt einer Friedenspriester-Gruppe in der Christ Königs Pfarrei. Es muss sich um den Versuch gehandelt haben, eine Nationalkirche zu gründen, der später vernachlässigt wurde. Da sie andere Zahlen von zerbombten Kirchen und Pagoden anführten, als die offiziellen von Oberst Ha Van Lau genannten, wies ich sie reserviert auf diesen Umstand hin und fügte die Bitte hinzu, mir den Zugang zum Bischof zu vermitteln, was sie offenbar in Verlegenheit brachte. Hier lag ein persönliches Problem für mich: Jeden Morgen bat ich bei der Besprechung des Tagesprogrammes, Messe lesen und dem Bischof einen Besuch abstatten zu dürfen. Ich begründete meine Bitte mit der Tatsache, dass ich katholischer Priester sei, erhielt aber jeden Morgen die gleiche Antwort: „C'est très delicat."

Am 5. Januar verließ ich um fünf Uhr bei Dunkelheit das Hotel und begab mich direkt zur Kathedrale. Dort war die Messe bereits zu Ende, da sie schon um vier Uhr begonnen hatte. In der Sakristei räumte ein Priester die Gewänder in den Schrank. Auf meine Frage nach dem Bischof verwies er mich auf den Bischöflichen Koadjutor, der beim Beichtstuhl Rosenkranz betend auf und ab ging. Ich nahm meinen ganzen Mut zusammen und sprach ihn an. Er schaute erschrocken den europäischen Zivilisten an. Ich sagte ihm, ich sei ein Vertreter der deutschen und internationalen Caritas und in Hanoi mit einer ökumenischen Delegation zu Besuch. Ich sei befreundet mit den Erzbischöfen Binh und Dien. Er war skeptisch. Als ich hinzufügte: „Ich kenne auch ihren Prokurator Pater Penkolé von der MEP in Paris", wurde er etwas zugänglicher. Dann sagte ich, der Heilige Vater lasse alle grüßen und versichere, dass er alles in seiner

Macht stehende für den Frieden in Vietnam tue. Er antwortete: „Dites au Saint Père que nous prions aussi pour lui." (Sagen Sie dem Heiligen Vater, dass wir auch für ihn beten.) Da er weiterhin sehr ängstlich wirkte, verabschiedete ich mich, nicht ohne einen Blick auf die wenigen Leute geworfen zu haben, die noch in den Bänken knieten.

Zurück im Hotel – es war noch sehr früh am Morgen – begab ich mich sofort auf mein Zimmer. Ich war sehr erregt und voller Sorge stellte ich mir die Frage; „Hast du dem Mann geschadet?"

Um acht Uhr traf sich die Delegation mit den Begleitern zum Frühstück. Wieder meine Frage, ob ich zelebrieren und den Bischof besuchen dürfe. Wieder „C'est delicat." Darauf erklärte ich, dass ich heute Morgen in die nächste Kirche gegangen sei und dort gebetet habe, mich zelebrieren zu lassen, was man mir jedoch nicht erlaubt habe. Das sei mir noch nirgends passiert. Darauf der Begleiter: „Diese Herren wüssten eben nicht mit Fremden umzugehen." Damit war ich zunächst einmal aus der ersten Verlegenheit heraus, hatte eine Erklärung für den Kontakt mit dem Priester in der Kirche geliefert und die Initiative zu dieser Begegnung auf mich genommen. Aber die Sorge blieb.

Das offizielle Programm verlief weiter nach den Vorgaben unserer Gastgeber. Ganz wichtig war der Besuch beim Roten Kreuz. Wir hofften, hier endlich ein Hilfsprojekt zu bekommen. Präsident Niemöller äußerte diesen Wunsch für asiatische Verhältnisse ungewöhnlich lautstark. Zur gleichen Zeit übergab mir der Vizepräsident des Roten Kreuzes, Prof. Tong Tan Tin ein 15-seitiges Dokument in französischer Sprache: „Equipement d'un hôpital de 220 lits". Alle Abteilungen eines Krankenhauses mit den notwendigen Geräten waren einzeln darin aufgeführt. Ich fragte: „Wollen Sie das aus dem Westen?" – „Ja" – „En nature?" – „Oui". Darauf gab ich Niemöller ein Zeichen und wies auf das Papier hin: „Wir haben das Projekt, Herr Präsident." Daraufhin war er zufrieden und wir alle natürlich auch. Es handelte sich um einen Materialwert von damals umgerechnet 500.000 US-Dollar. Das haben wir dann unter uns drei Organisationen aufgeteilt. Es wurde eine Firma für Beschaffung von Krankenhausmaterial in Hong Kong mit der Zusammenstellung der Lieferung beauftragt, die dann an ihren Bestimmungsort gebracht wurde.

Im Hotel waren wenige Gäste, unter ihnen ein DDR-Journalist Namens Huber. Einmal gab es eine etwas heftige Auseinandersetzung zwischen ihm und unserem Journalisten Lutz. Letzterer hatte Huberts Nachtruhe gestört, weil er ihm unbedingt seinen neusten Fernschreibeentwurf an die heimische Presse vorlesen wollte. Huber wollte nichts davon wissen, sondern weiterschlafen. Worauf Lutz ihm mangelndes Journalistenethos vorwarf. Wir haben die Herren Journalisten den Streit unter sich austragen lassen.

Ein interessanter Gast war Harrison Salesbury von der New York Times – der einzige westliche Kontakt, außer den sehr netten und hilfreichen Mitarbeitern der französischen Delegation, der einzigen westlichen diplomatischen Vertretung in Hanoi nach 1954. Die Unterhaltung mit Harrison Salesbury war sehr angenehm. Sein vietnamesischer Gesprächspartner von höchstem Rang war Ministerpräsident Pham Van Dong.

Ho Chí Minh, geb.19. Mai 1890 in Kim Lien; gest. 2. September 1969 in Ba Vì, war kommunistischer Revolutionär und Präsident (1945–1969) der Demokratischen Republik Vietnam. Er führte erfolgreich den Unabhängigkeitskrieg gegen Frankreich und gegen Amerika.

Es kam der 8. Januar 1967. Beim Frühstück wurde uns mitgeteilt: „Heute 16 Uhr sind Sie bei Präsident Ho Chí Minh." Er empfing uns nicht in seinem Haus, das ja heute noch als Museum zu besichtigen ist, sondern im ehemaligen Palast des französischen Gouverneurs. Als wir im Empfangsraum angekommen, unsere Mäntel ablegten, stand er schon da, um uns zu begrüßen. Dann führte er uns zu Sesseln, die ein offenes Viereck bildeten. Er in der Mitte mit Niemöller, dem Delegationsleiter. Daneben ein alter Priester in vietnamesischer Soutane, ein Pater Binh, Kampfgefährte Ho Chí Minhs, der aber kein Wort sagte. Die Journalisten links und ich rechts der Präsidentengruppe, dazwischen der Dolmetscher.

Im inoffiziellen Teil sprach Ho Chí Minh zunächst französisch – er beherrschte die Sprache perfekt. Er wandte sich gleich an mich: Kardinal Spellman habe als Armeebischof an Weihnachten in Saigon die amerikanische Streitmacht als Soldaten Christi bezeichnet. Das gefalle ihm gar nicht. Ich war über diesen Gesprächsbeginn sehr verblüfft und antwortete, ein Kardinal sei nicht die Kirche. Und der Bischof von Metz zum Beispiel, das hätte ich am Radio gehört, habe bereits dagegen Stellung genommen. Im Übrigen sei der Kardinal schon älter. – „Wie alt?" fragte der Präsident. „78 glaube ich", war meine Antwort. Darauf Ho Chí Minh: „Moi aussi!" – Ich auch. Es folgte allgemeines Gelächter über meine Verlegenheit. Danach ging es offiziell mit Dolmetscher Deutsch-Vietnamesisch weiter. Lange Ausführungen von Ho Chí Minh: Sie haben die Zerstörungen dieses Krieges gesehen, den die Amerikaner begonnen haben. Sie sind Aggressoren, führen einen grausamen Krieg und bombardieren unser Land. Bombardieren wir Chicago? Selbst wenn wir es könnten, wir täten so etwas nicht. – Und dann wieder ernst an mich gewandt: „Der Papst hat Hunderte Millionen Katholiken. Er soll seinen Einfluss geltend machen, auf dass die amerikanischen Aggressoren ihren Krieg abbrechen."

Das Kernziel der Begegnung war Kontaktaufnahme mit kirchlichen Gruppen, um über diese Unterstützung und Hilfe zu erhalten. Alles sehr ruhig von ihm vorgetragen und etwas umständlich von dem damals noch ungeübten Dolmetscher übersetzt. Als dieser zu lange sprach, sagte der Präsident verschmitzt lächelnd: „Je parle comme ça (dabei zeigte er mit den Händen einen Abstand von ca. 20 cm). Il traduit comme ça (dabei breitete er die Arme weit aus)." Alles lachte über dieses Intermezzo. Das Gespräch dauerte eine gute Stunde, einschließlich eines längeren Dankwortes von Präsident Niemöller.

Für den Abend war das Abschiedsessen vorgesehen. Ich hatte aber von den Herren der Delegation Française gehört, dass am Samstagabend Messe in der Kathedrale gehalten werde. Ich betrat als letzter das Hotel, ging durch die Drehtür sofort wieder hinaus und lief zur Kathedrale. Die Messe hatte begonnen und die Kirche war voll mit ärmlich gekleideten Menschen. Den Gesang ihrer schönen vietnamesischen Lieder werde ich nie vergessen. Zur Kommunion begab ich mich an die Kommunionbank. Nun sah mich Bischof Can bei der Austeilung der Hostie: „Corpus Domini nostri Jesu Christi custodiat animam tuam in vitam aeternam." Das war mein einziger Kontakt mit dem Bischof in Hanoi.

Eine Zwischenbemerkung: Im Jahr darauf, 1968, traf ich in Saigon seine Mutter, die dort seit 1954 als Flüchtling lebte. Jahre später, 1974 kam Can nach Rom zu einer Tagung. Dorthin konnte seine Mutter kommen und gemeinsam mit dem Sohn zu einer Audienz bei Paul VI. gehen. Can ist später Erzbischof von Hanoi und Kardinal geworden. 1980 hat er uns in Freiburg besucht.

Wieder zurück zum offiziellen Besuch. Das Abschlussessen war üppig, wie alle Festessen und begleitet von langen Reden und Gegenreden.

Am nächsten Morgen, den 9. Januar, fuhren wir in der Früh zum Flughafen und flogen nach Nanning in China. Dort blieben wir hängen und verbrachten zweieinhalb Tage im Hotel. Auf den Straßen lärmte Tag und Nacht die Kulturrevolution. Wir verstanden nichts und konnten keinen Schritt hinausgehen. Außer uns waren zwei stille Diplomaten anwesend. Martin Niemöller erwies sich auf dieser Reise als ein guter Kamerad. Sein Vorrat an Geschichten war unerschöpflich: er erzählte vom U-Boot im ersten Weltkrieg und von seiner Haft von 1941 bis 1945 in Dachau im „Prominentencamp" mit vielen berühmten Leidensgenossen wie Léon Blum, Kurt Schuschnigg und anderen.

Ich selbst musste viel nachdenken. Hatte ich alles richtig gemacht? War ich auch vorsichtig genug gewesen. Wir hatten große gemeinsame Festessen gehabt und da musste man aufpassen, dass man nicht zu viel von dem Reiswein trank. Ich war ja völlig im Dunkeln getappt, hatte mich nur Schrittchen für Schrittchen bewegen können. Ich fragte mich immer wieder, hast du deine Freunde verraten? Hättest du den Auftrag des Papstes stärker zum Ausdruck bringen sollen? Aber er hatte ja gesagt und mir eingeschärft, es sei keine offizielle Mission. Gut, es war ein Sondieren gewesen. Zurück in Freiburg habe ich Kontakt mit den Freunden aufgenommen. Sie haben mich beruhigt und mir versichert, dass sie Vertrauen in mich haben und dass ich keine Fehler gemacht habe.

Erfreulich war das Krankenhausprojekt. Wir konnten die Beschaffung der Ausstattung unter der Diakonie, der Caritas und der Hilfsaktion Vietnam aufteilen.

Mit großer Verspätung durften wir schließlich aus Nanning abreisen. Das Ticket war nicht mehr wie geplant über Peking und Shanghai, sondern über Canton und Hong Kong ausgestellt. Das kam mir gelegen, weil sich mir dadurch die Gelegenheit bot, in Hong Kong Station zu machen.

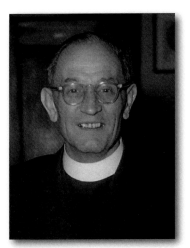

Martin Niemöller geb. am 14. Januar 1892 in Lippstadt; gest. am 6. März 1984 in Wiesbaden, war evangelischer Theologe und führender Vertreter der Bekennenden Kirche sowie Präsident im Ökumenischen Rat der Kirchen. 1938 kam er als Häftling ins Konzentrationslager Sachsenhausen und ab 1941 nach Dachau. Während dieser Zeit entwickelte er sich allmählich zum Widerstandskämpfer gegen den Nationalsozialismus.

Zuvor gab es aber noch ein Problem. In Canton, auf dem Bahnsteig zum internationalen Zug nach Hong Kong, machte die chinesische Polizei Schwierigkeiten wegen des überschrittenen Datums des Durchreisevisums.

Da kam etwas völlig Unerwartetes: Niemöller, der wegen der bevorstehenden Feiern zu seinem 75. Geburtstag schnell zurück nach Darmstadt wollte, brüllte die Polizisten an wie ein U-Boot-Kommandant: Er lasse sich das nicht bieten. Wir seien Staatsgäste von Präsident Ho Chí Minh! Die Verspätung hätten nicht wir verursacht. Wir drei erbleichten, da wir negative Reaktionen befürchteten.

Ich dachte, jetzt kommen wir ins Gefängnis! Aber nichts da, das Gegenteil trat ein. Der Kommandoton war dem Polizisten wohl nicht unbekannt. Er schaute den alten Herrn von oben nach unten an und gab die Order: „Sie können einsteigen." Wir klopften dem Präsidenten auf die Schulter: „Gut gebrüllt, Löwe!" Der Zug fuhr ab und führte uns durch Reisfelder bis zur Grenze. Dort beeilte ich mich, im englischen Telefonbuch die Nummer der Caritas zu finden. Mit Erfolg. Nein, Monsignore Vath sei nicht im Haus, aber Dr. Specht. Ich verkündete: „Wir sind an der Grenze und kommen mit dem nächsten Zug nach Hong Kong." Am Bahnsteig empfing uns Dr. Specht. Mit der Entschuldigung einer Erkältung trennte ich mich von den Reisegefährten, die mit der nächsten Alitalia nach Europa zurückflogen.

Meine Erkältung war echt. Ich wurde in der Wohnung von Carl Vath durch dessen Koch Ah Bong sehr verwöhnt und auch Georg Specht und dessen Frau Hedwig mit den Kindern taten alles für meine Wohlbefinden. Als am Tag darauf Carl Vath von einer Dienstreise nach Thailand zurückkehrte, war die Freude groß. Er zeigte mir viele Neugründungen der Caritas Hong Kong. Hans Scholz arbeitete am Programm der Berufsschulen und Frau Frenken im Kindergartenbereich. Es meldeten sich auch die Medien: Karl Weiss war als bekannter Ostasienkorrespondent des Fernsehens an unserer Vietnamreise interessiert.

Nach drei Tagen musste ich schleunigst abreisen, um bei der Zentralvorstandssitzung in Freiburg unter Leitung von Albert Stehlin anwesend zu sein.

Ende Januar 1967 tagte in Rom die Sozialabteilung des Ökumenischen Rates der Kirchen Genf, zusammen mit dem Einheitssekretariat des Vatikans. Monsignore Rodhain, Präsident der Caritas Internationalis nahm daran teil. Die Teilnehmer der Tagung wurden von Paul VI. empfangen und ich war eingeladen anlässlich dieser Audienz dem Papst von meiner Vietnamreise zu berichten. Der Papst hielt eine Ansprache und begrüßte jeden Teilnehmer einzeln. Anschließend folgte ich dem Papst in seine Bibliothek. Während zwei Kammerdiener ihn zu seinem Schreibtisch führten, fiel mir auf, wie stark er an Arthrose litt. Der Papst bat mich Platz zu nehmen: „Si accomodi, per favore." Ich berichtete ihm über den Verlauf der Reise – besonders über die Begegnung mit Ho Chí Minh. Zu dessen Äußerung, die Kirche möge ihren Einfluss geltend machen und sich gegen die Bombenangriffe der Amerikaner wenden, sagte er seufzend: „Se fosse così facile!" (Wenn es so leicht wäre.) Ich zeigte ihm Fotos von der Reise und mir kam die Idee, ihm ein Exemplar des Büchleins „Worte des Vorsitzenden Mao Zedong" zu schenken. Er überraschte mich damit, dass er das Büchlein in die Hand nahm und lauthals lachte: „Grazie, se viene un chinese, gli faccio vedere che leggo anch'io i Pensieri di Mao Zedong." (Danke, wenn ein Chinese kommt, zeige ich ihm, dass ich auch die Worte von Mao Zedong lese.)

Die sogenannte Mao-Bibel in roter Farbe war das Referenzwerk des Maoismus und von großer Bedeutung während der chinesischen Kulturrevolution. Sie kam aber auch bei der europäischen Studentenbewegung von 1968 zum Einsatz.

Damit war diese Mission beendet. Ich weiß, dass es im Staatssekretariat des Vatikans eine Auseinandersetzung darüber gegeben hat, ob es richtig war, einem „non-diplomatico" eine solche Aufgabe anzuvertrauen. Mit meinem Freund Bruno Wüstenberg konnte ich damals keine Rücksprache nehmen. Er war im Dezember 1966 zum Nuntius nach Japan ernannt worden.

Im Januar startete 1968 die reguläre nordvietnamesische Armee (NVA) und die Vietcong eine Offensive, nach dem vietnamesischen Neujahrsfest Têt-Offensive genannt, die zwar nicht den militärischen Durchbruch brachte, aber den Amerikanern schweren, vor allem moralischen Schaden zufügte. Nach der Têt-Offensive galten das Ehepaar Krainick, Dr. Discher und ein weiterer deutscher Arzt, Dr. Alois Alteköster, als verschollen.

Ende Januar 1968, begann ich nach den deutschen Ärzten zu forschen. Ich begab mich zuerst nach Ostberlin zur Nordvietnamesischen Botschaft in Karlshorst. Aber außer verlegenen, freundlichen Worten erfuhr ich nichts. Ich fuhr in dieser Angelegenheit auch nach Paris zu Oberst Ha Van Lau, einem Mitglied der Friedensdelegation unter Leitung von Le Duc Tho, der über Jahre mit den Sonderbotschaftern der USA und später mit Außenminister Henry Kissinger verhandelte.

Erst nach der Rückeroberung Hues durch die Amerikaner – die Vietcong hatten die Stadt sechs Wochen in ihrer Hand gehabt – kam die Wahrheit über ein stattgefundenes Massaker zutage. Man fand die deutschen Ärzte in einem Massengrab, die Hände mit Draht zusammengebunden, Genickschuss. Für mich war es sehr schmerzhaft zu erfahren, dass die Menschen, denen ich noch kurze Zeit vor ihrer Hinrichtung begegnet war und deren Arbeit ich bewundert hatte, ein derart grausames Schicksal erlitten hatten. Die Toten wurden nach Freiburg überführt. Zur Trauerfeier kam auch der damalige Minister für Entwicklungshilfe Hans-Jürgen Wischnewsky. In Hue wurde den deutschen Ärzten ein Denkmal auf dem Universitätsgelände errichtet, das die Nordvietnamesen allerdings nach 1975 wieder entfernen ließen.

Zusammenfassend kann ich sagen, dass unsere Reise nach Nordvietnam und die Audienz bei Ho Chí Minh weltweit eine positive Resonanz hatte – teils weil Pastor Niemöller eine international bekannte Persönlichkeit war, teils weil sich mit mir die Caritas an dieser Mission beteiligt hatte. Das Treffen mit Ho Chí Minh hat uns während des ganzen Krieges die Türen für Hilfen auch in Nordvietnam geöffnet.

Das galt auch für Südvietnam. Als ich 1968 nach Saigon kam, vermittelte mir der dortige Caritaspräsident sofort eine Audienz bei Präsident Nguyen van Thieu. Ich wehrte mich und sagte, ich will doch nicht dorthin. Ich war sehr sauer, weil ich glaubte, in ein politisches Spiel hinein zu geraten. Aber schließlich konnte ich nicht mehr nein sagen. Präsident Thieu war dann äußerst höflich und freundlich, hat mir ein schönes Geschenk gemacht – eine Elfenbeinlampe – und hat gefragt, wie es denn beim Ho Chí Minh gewesen sei. Ich habe alles so erzählt, wie es war und der Präsident war ganz locker und hat geschmunzelt, denn im Grunde haben fast alle den Ho Chí Minh verehrt, er war so etwas wie der Vater des Vaterlandes jenseits der ideologischen Verschiedenheiten.

Georg Hüssler mit Erzbischof Philipp Nguyen Kim Dien in Hué/Vietnam im Herbst 1968

Bald nach unserer Reise kam eine erste offizielle Regierungsdelegation von Nordvietnam nach Westdeutschland und besuchte auch uns in Freiburg. Es fand ein freundlicher Austausch statt.

Im Mai 1970 erhielt ich eine erneute Einladung aus Vietnam. Aus der Reise wurde nichts, da ich am 26. Mai 1970 in Freiburg ins Lorettokrankenhaus eingeliefert wurde, wo ich einer komplizierten Darmoperation unterzogen und erst nach Weihnachten entlassen wurde. Die Einladung nahm im September 1970 Dr. Specht wahr, der einen vorzüglichen Bericht erstattete.

Die schweren kriegerischen Auseinandersetzungen in Vietnam wurden erst am 30. April 1975 mit dem Sieg Nordvietnams und der Einnahme Saigons beendet, das in Ho Chí Minh-Stadt umbenannt wurde. Die Amerikaner zogen sich zurück, sie hatten den Krieg verloren. Bei den Siegern herrschte große Euphorie.

In der Zeit vom 30. April bis 3. Mai 1975 fuhr Dr. Specht für die Caritas nach Hanoi. Er sprach mit Vertretern der provisorischen Revolutionsregierung (PRG). Für sie lag die Priorität in einer Politik der Versöhnung und der Normalisierung des Lebens in Südvietnam. Auch die Rückkehr der Flüchtlinge in ihre alte Heimat gehörte zu den wichtigsten Zielen. Dr. Specht konnte langfristige Hilfen von Seiten kirchlicher Organisationen in Aussicht stellen.

Damit war der Weg frei und wir konnten mehr oder weniger ungehindert im Land helfen. So kamen zum Beispiel immer, wenn der Taifun im Land schwere Schäden angerichtet hatte – was fast jedes Jahr geschah – Anfragen von der vietnamesischen Botschaft, die es nun auch in Bonn gab. Man schickte uns Listen mit Hilfsgütern, die zur Beseitigung der Taifun-Schäden benötigt wurden. Mit dem Erlös unserer Spendenaufrufe konnten wir Flugzeuge chartern und die dringend benötigten Waren nach Vietnam transportieren.

An dieser Stelle möchte ich darauf hinweisen, dass wir in der Lage waren uns in dem kommunistischen Land zu bewegen, weil wir bereits seit Jahrzenten Erfahrungen im Umgang mit ideologischen Diktaturen gesammelt hatten – in der DDR, in Jugoslawien und auch in Rumänien.

Mit der Zeit und nach Abklingen der ersten Siegeseuphorie durften wir vom DCV, zwar stets von Kadern begleitet, auch wieder in den Süden. Aber die Kontakte mit kirchlichen Vertretern blieben schwierig. Wenn ich zum Beispiel meinen Freund Philippe Nguyen Kim Dien in Hue besuchen wollte, taten die offiziellen Leute alles, um das zu verhindern. Doch trotz dieser Schwierigkeiten war der Kontakt da und wir konnten immer sagen, „der Hüssler ist beim Ho Chí Minh gewesen"! Dann ging bei allen Funktionären ein Leuchten über die Gesichter: Keiner von ihnen, vor allem diejenigen der späteren Generation, hatten ihn je zu Gesicht bekommen. So hatten wir immer ein Argument zumindest emotionaler Art, das wir zur Verbesserung der Atmosphäre ins Spiel bringen konnten.

Seit 1989 herrscht ein anderes Klima im Land. Es besteht weiterhin der Rahmen des kommunistischen Systems – Alleinbestimmung durch die Partei, Zentralkomitee und Politbüro – das alles ist noch so. Aber der marxistische Inhalt, das sagen die Leute dort selber, ist weniger prägend. Das Land hat sich wirtschaftlich geöffnet, kollaboriert mit den Tigernationen Südostasiens, was ja auch notwendig ist, damit das Land vorankommt. Die Gefahr besteht allerdings darin, dass sich wilde kapitalistische Methoden breit machen, sodass einige wenige Menschen furchtbar reich werden, ohne dass die breite Bevölkerung vom wirtschaftlichen Aufschwung profitiert.

Unsere Kontakte laufen über die Bischöfe in Nord- und Südvietnam, fast ausnahmslos bewundernswerte Leute, auch auf entwicklungspolitischem Sektor. Sie genießen mittlerweile gewisse Freiräume im sozialen Bereich, wo die Nöte groß sind. Wenn ein Bischof Mittel aus dem Westen bekommt – von der Caritas, von Misereor und anderen Organisationen – darf er in manchen Regionen zum Teil ganz erstaunliche Projekte verwirklichen. Möglich ist dies allerdings nur dank der unschätzbaren Hilfe von zahlreichen gut ausgebildeten Ordensleuten und Laien des Südens. Der Bischof von Phan Thiet hat zum Beispiel, unterstützt von engagierten Bürgern, mit Geld von Misereor einen großen Staudamm von 800 m Länge zum Wohle aller bauen können.

Wir vom DCV engagierten uns, neben der Katastrophenhilfe, schwerpunktmäßig in Projekten für und mit behinderten Menschen, deren Zahl durch den langen Krieg stark angewachsen ist. Staatlicherseits wurden wir außerdem zum Erstaunen vieler gebeten, zusammen mit vietnamesischen Juristen ein Behindertengesetz nach deutschem Vorbild zu erarbeiten. Dank der Bereitschaft unseres, trotz wohlverdientem Ruhestand sehr rührigen Experten, Heribert Welter, konnte dieser Bitte entsprochen und das Projekt mit gutem Erfolg und zum Wohle der Betroffenen realisiert werden. Hinzu kam die Organisation von Workshops in Vietnam, die der Aus- und Weiterbildung von Betreuern dienten.

Unsere Arbeit in Vietnam funktioniert, wie unsere Arbeit überall auf der Welt, nach dem Prinzip der katholischen Kirche als Weltkirche, die diözesan gegliedert ist – es gibt in der Welt über 3.000

Diözesen. In jeder Diözese gibt es einen Bischof und mit dem muss man verhandeln. Ist er aufgeschlossen und selbst an entwicklungspolitischen und caritativen Problemen interessiert, bringt er sich selbst ein, andernfalls holt er einen Fachmann oder eine Gruppe von Experten zu Hilfe. Und mit diesen beauftragten Leuten – wir sind ja selbst auch beauftragte Leute, wird dann das jeweilige Projekt realisiert. Es sind alles Leute der Kirche deshalb werden wir von anderen Organisationen auch die Church People genannt. Die Kirche stellt also ihr Netzwerk zur Verfügung, das transparent ist und überall nach den gleichen Grundsätzen funktioniert. Das bedeutet, dass sich die Zusammenarbeit, gleich ob in Peru oder Kuala Lumpur, relativ problemlos gestaltet. Wir haben alle die gleichen Intensionen und denken in gleichen Kategorien. Das schließt aber nicht aus, dass ich mich als Vertreter der Caritas auch an die örtlichen Gegebenheiten und Unterschiede anpassen muss. Ein großer Vorteil besteht darin, dass wir Kirchenleute uns nicht lange aneinander herantasten müssen, der Kontakt ist aufgrund des allgemeinen Grundverständnisses sofort da.

Georg Hüssler im Einsatz: immer den Menschen zugewandt

8 Wieder bei der Arbeit im Caritasverband

Ein Sprung zurück ins Jahr 1967. Es war offensichtlich, dass die Auslandsarbeit, für die ich in erster Linie zuständig war, ständig an Bedeutung gewann. Im Juni 1967 beschloss daher der Zentralvorstand die Berufung eines zweiten Generalsekretärs. In der neuen Verbandsverfassung von 1966 war bereits die Position des Generalsekretärs im Plural angegeben. Ich hatte den Zentralvorstand um diese Berufung gebeten, auch weil ich wusste, dass die Krebskrankheit von Präsident Albert Stehlin, die er tapfer herunterspielte, sehr ernst war. Gewählt wurde am 1. September 1967 Dr. Paul Schmidle, bis dahin Leiter der Abteilung Jugendhilfe. Ich übernahm neben meiner Funktion als Generalsekretär die Abteilung Auslandshilfe. Mit einem zweiten Generalsekretär an der Seite konnte ich mich mit größerer Freiheit den internationalen Aufgaben widmen. Im September 1967 entschied die Deutsche Bischofskonferenz gemeinsam mit Misereor, Adveniat, Missio, Malteser Hilfsdienst und anderen Organisationen, die Schaffung eines Katastrophenrates. Die Sitzungen des Rates fanden in der Regel beim ehemaligen Generalvikar Prälat Josef Teusch in Köln statt, einem großartigen und sachkundigen, aber auch sehr autoritären Mann.

Unser Blick richtete sich mehr und mehr auf die Zusammenarbeit mit Caritas Internationalis mit Sitz und Sekretariat in Rom. Diese Vereinigung aller nationalen Caritasorganisationen weltweit war bereits 1951 ins Leben gerufen worden. Ihr Generalsekretär war seit dem Gründungsjahr bis 1970 Prälat Carlo Bayer. Seit 1965 war Prälat Jean Rodhain, Gründer der französischen Caritas Secours Catholique, Präsident von Caritas Internationalis.

Das Generalsekretariat hatte zu Beginn seine Büroräume in der Via della Conciliazione 15, die breite Straße, die direkt auf den Petersdom zuführt. Vor allem während der Zeit des Konzils war die Lage besonders günstig, weil vor allem die Bischöfe aus den armen Ländern auf dem Weg zu den Sitzungen bei Caritas Internationalis vorbeikommen und ihre Sorgen vortragen konnten. 1966 fand der Umzug in den Palazzo San Calisto statt. Dieses in der Nähe von Santa Maria in Trastevere gelegene Gebäude ist Eigentum des Vatikans und damit extraterritoriales Gebiet desselben. Caritas Internationalis hatte unter der Führung seines Generalsekretärs stark an internationaler Bedeutung gewonnen. Ein erster großer Katastropheneinsatz nach dem Erdbeben in Skopje 1963, wo die Hilfsgüter aus Rom als eine der ersten eintrafen und das gelbe Flammenkreuz der Caritas Internationalis in internationalen Fernsehberichten auftauchte, trugen zur Bekanntheit der Organisation bei.

> Als noch sehr junge Mitarbeiterin von CI in Rom kann ich mich gut an diesen ersten großen Katastropheneinsatz erinnern. Er war noch weit von der Professionalität entfernt, durch die sich alle späteren Einsätze auszeichneten. Die Aufgabe erwischte uns noch unerfahren auf diesem Gebiet, denn überraschenderweise erteilte die jugoslawische Regierung uns, einer katholischen Organisation, als einer der ersten die Erlaubnis zur Landung mit unseren Hilfsgütern. Wir besorgten Blutplasma, Decken, Nahrungsmittel, wo immer es uns möglich war und brachten die Sachen zum Teil persönlich zum Flughafen – das gesamte Sekretariat war auf den Beinen, oder besser im Auto unterwegs. Wir beluden die Maschine – Prälat Carlo Bayer allen voran – eigenhändig und waren schließlich völlig erschöpft, als die Maschine in Richtung Skopje abhob. Am Abend sahen wir im Fernsehen unsere Maschine als eine der ersten Hilfsflüge in Skopje landen.
> Wir waren froh und auch ein wenig stolz, dass wir es geschafft hatten.

Von 1962 bis 1965 war Kardinal Silva-Henriquez von Santiago de Chile Präsident von CI. Auch während des Konzils war Caritas Internationalis sehr aktiv und an der Entstehung zahlreicher Konzilsdokumente beteiligt, insbesondere an der Pastoralkonstitution Gaudium et Spes. Gestützt von CI entstanden überall auf der Welt neue Caritasverbände.

9 Biafra

Im Sommer 1968 war ich vier Wochen mit Hannes Kramer in Argentinien, Chile und Peru unterwegs. In Peru besuchten wir unter anderem den deutschstämmigen Bischof von Cajamarca, José Dammert-Bellido (sein Großvater war aus Deutschland ausgewandert). Wir begegneten einem beeindruckenden Menschen, der uns Bewunderung und Respekt abverlangte. Dem Geist des Charles de Foucauld verpflichtet, setzte er sich mit seiner ganzen Person für die Ärmsten in seiner Diözese und in ganz Südamerika ein, lebte in großer Bescheidenheit und lehnte strikt alle Insignien bischöflicher Macht ab. Es sind Begegnungen mit solchen Persönlichkeiten, die mir mit ihrem Vorbild immer wieder die Kraft für meine eigene Arbeit gegeben haben.

Kaum waren wir in Freiburg zurück, lag eine Aktennotiz auf meinem Schreibtisch, von der ich allerdings bereits zuvor telefonisch informiert worden war: Bischof Heinrich Tenhumberg vom Katholischen Büro in Bonn hatte verärgert angerufen und gefragt, wann der Deutsche Caritasverband endlich einen Katastrophenaufruf für Biafra erlasse. Von allen Seiten werde auf die Not in Biafra aufmerksam gemacht, nur der DCV ließe nichts von sich hören. Das Katholische Büro forderte den DCV, den die Deutschen Bischofskonferenz als geschäftsführende und koordinierende Stelle in Katastrophenfällen ernannt hatte, dringend zum Handeln auf. Das war eine versteckte Drohung, uns diesen Auftrag zu entziehen. Ein heftiger Schuss vor den Bug, den ich nicht überhören konnte und wollte. Aber worum ging es in Biafra, das aufgrund der dort herrschenden Not immer stärker in den Fokus der Öffentlichkeit gelangt war?

Nigeria ist ein Vielvölkerstaat mit zwei Hauptreligionen, dem Christentum im Süden und dem Islam im Norden. Mit der Unabhängigkeit des Landes von Großbritannien im Jahr 1960 begann unter den verschiedenen Volksgruppen Nigerias der Kampf um die Vormachtstellung im Staat. Dabei fühlten sich vor allem die in der Biafra-Provinz beheimateten christlichen Igbo gegenüber den muslimischen Haussa und Fulani im Norden benachteiligt. Anfang 1966 putschten Ibo Offiziere, töteten den nigerianischen Ministerpräsidenten Balewa und brachten den Ibo-General Aguyi-Ironsi an die Macht. Noch im gleichen Jahr kam es zum Gegenputsch und die Angehörigen des Stammes der Igbo, die auch im restlichen Nigeria beheimatet waren, fielen einem Pogrom zum Opfer bei dem Zehntausende von ihnen ums Leben kamen.

Eine der Hauptursachen des Konfliktes waren Erdölquellen, die in der Nähe des Igbo-Siedlungsgebietes entdeckt, jedoch bei einer Gebietsreform Nigerias und anschließenden Unterteilung in zwölf Bundesstaaten nicht dem Gebiet der Igbo zugeordnet worden waren.

Dies führte schließlich dazu, dass der Militärgouverneur der Ostregion Chukwuemeka Odumegwu Ojukwu vom Volksstamm der Igbo am 30. Mai 1967 die Unabhängigkeit der Region Biafra ausrief. Trotz erbitterten Widerstands zeigte sich im darauf folgenden Krieg jedoch bald die militärische Unterlegenheit Biafras. Vor allem die ehemalige Kolonialmacht Großbritannien unterstützte die Zentralregierung; weitere Waffenlieferanten an Nigeria waren die USA, die Sowjetunion, Spanien, Polen, die Tschechoslowakei, Belgien und die Niederlande, wobei die drei zuletzt genannten Staaten im Laufe des Jahres 1968 ihre Lieferungen einstellten. Die der Republik Biafra zur Verfügung stehenden Waffen stammten etwa je zur Hälfte aus eigener Produktion und von der Volksrepublik China; weitere Lieferanten waren Portugal, Frankreich sowie die Schweiz. Diplomatisch anerkannt wurde Biafra jedoch von keinem dieser Staaten Am 18. Mai 1968 eroberten die nigerianischen Truppen die wichtige Hafenstadt Port Harcourt und Biafra verlor damit den Zugang zum Meer und die freie Versorgung von außen. Zirka zwei Drittel Biafras waren besetzt. Die Menschen im restlichen Teil Biafras

> waren auf die Versorgung mit Nahrungsmitteln auf dem Luftweg angewiesen. Eine wichtige Rolle kam dabei den im Jahr 1968 einsetzenden humanitären Hilfsflügen zu, die im Wesentlichen von den Inseln Sao Tomé und Fernando Póo (heute Bioko) aus während der Dunkelheit Biafra ansteuerten. Da dieses nach dem Verlust der wichtigsten Städte keinen Flughafen mehr besaß, wurde ein improvisiertes Rollfeld bei Uli/Ihiala im heutigen Bundesstaat Anambra zum Hauptumschlagplatz der Hilfsgüter und Waffenlieferungen. Als das Internationale Komitee vom roten Kreuz (IKRK) im Juni 1969 nach dem Abschuss eines seiner Flugzeuge die Hilfsflüge einstellte, verschlechterte sich die Versorgungslage weiter.*
>
> * S. a. Spiegelartikel vom 19.08.1968.

Der grausame Krieg unter Yakubu Dan-Yumma Gowon, dem Staatspräsidenten Nigerias, gegen die abtrünnige Ostregion, tobte seit 30 Monaten. Die Menschen in Biafra, die wie in einem „Lager" eingeschlossen und praktisch dem Tod durch Verhungern ausgesetzt waren, bedurften dringend internationaler Hilfe.

Über Caritas Internationalis und den Weltrat der Kirchen lief bereits seit November 1967 eine groß angelegte Hilfsaktion. Mit sechs gecharterten Flugzeugen wurden von der Insel Sao Tomé aus hochwertige Medikamente und Nahrungsmittel nach Biafra geflogen.

Die Flüge waren gefährlich und Präsident Albert Stehlin, schrieb am 25. Juli 1968 an die Deutsche Bischofskonferenz „Diese nächtlichen Flüge sind jedesmal ein großes Wagnis und man kann denen, die es auf sich nehmen, nur dankbar sein. Vier Tote hat diese Luftbrücke bereits gekostet – drei Personen Flugpersonal und die Gattin des Kapitäns – beim Absturz eines Flugzeugs vom Typ Super Constellation mit einer Ladung des Internationalen Komitees vom Roten Kreuz. Damit hat die Chartergesellschaft, die einzige, die augenblicklich nach Biafra fliegt, seit Februar vier Flugzeuge verloren. In der Nacht zum 20. Juli wurden die Flugzeuge wiederum beschossen, dieses Mal von Schiffen aus."

Meinerseits rief ich sofort Carlo Bayer in Rom an: „Ich möchte eine Pressekonferenz zum Thema Hilfe für Biafra organisieren, kannst du uns einen kompetenten Mann schicken?" Er sandte prompt den Besten aus seinem Team: Pater Tony Byrne CSSP (Irischer Zweig der Missionsgesellschaft vom Heiligen Geist) mit dem er bereits seit einem halben Jahr in der Biafra-Hilfe zusammenarbeitete. Pfarrer Kühl nahm als Beauftragter des Diakonischen Werkes für die Flüge nach Biafra an der Konferenz teil. Die mit dem Diakonischen Werk gemeinsam organisierte ökumenische Pressekonferenz fand am 28. Juni 1968 in Frankfurt statt. Es kamen so viele Vertreter von Fernsehen, Rundfunk und Presse wie kaum je zuvor zu einer solchen Veranstaltung. Tony Byrne berichtete sehr anschaulich über die Not der Menschen in Biafra sowie über die bereits laufende Hilfsaktion und bat um Unterstützung:

„Täglich sterben dreitausend Flüchtlinge, weil sie nicht genug zu essen und nicht genug Medikamente haben", sagte er und fügte hinzu: Wenn die vier Millionen Flüchtlinge, die in den primitiven Lagern zusammengedrängt seien, nicht rasch wirksame Hilfe erhielten, würden die Hälfte von ihnen die nächsten Monate nicht überleben. Die Todesrate unter der Zivilbevölkerung sei viermal so hoch wie in Vietnam.

Dr. Scheu aus Köln lieferte folgende Vorlage für den gemeinsamen Aufruf des Diakonischen Werkes Stuttgart und des Deutschen Caritasverbandes Freiburg:
„Die Kriegsnot in Biafra, der Ostprovinz von Nigeria, wird immer größer und schrecklicher. Millionen sind beiderseits der Kampflinien auf der Flucht, Hunderttausende, vor allem Frauen und Kinder, sind dem Verhungern nahe, viele Kranke und Verwundete ohne Medikamente. Das Diakonische Werk der evangelischen Kirche und die katholische Caritas, in Zusammenarbeit mit anderen Organisationen, haben deshalb ihre Hilfe verstärkt und bisher bereits hochwertige Nahrungsmittel und Medikamente im Wert von über 2 Millionen DM in das Kriegsgebiet eingeflogen. Doch weitere Hilfe für die gequälte Bevölkerung tut not. Geldspenden mit dem Kennwort: ‚Nigeria-Biafra' werden erbeten an:" (hier folgte die Angabe der Spendenkonten.)

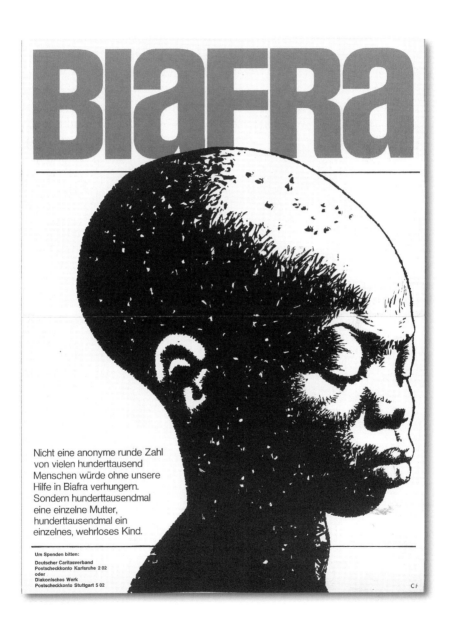

Die Vertreter beider Kirchen haben außerdem einen Hilfsapell an den Haushaltsausschuss des Bundestages gerichtet und die englische Regierung aufgefordert, die Waffenlieferungen einzustellen.

Die Deutschen waren wie immer sehr spendenfreudig. Am 12. Juli konnten wir melden, dass bereits vier Millionen eingegangen waren – viel aber nicht genug. Die Flüge mit Hilfsgütern wurden fortgesetzt und weitere Sach- und Geldspenden gingen ein.

Zu meiner Überraschung rief mich wenige Tage nach seiner Abreise Tony Byrne schon wieder an: „Ich muss dich morgen früh um acht Uhr in Frankfurt mit einem Piloten unserer Fluglinie treffen. Die haben keine flugtauglichen Maschinen mehr." Wir trafen den Piloten Larry Raab, der uns erklärte, dass für die Fortsetzung der Hilfsaktion dringend Super Constellations nötig seien – viermotorige Verkehrsflugzeuge, die man bei der Air France in Paris kaufen könne. Ohne großen Aufschub – schließlich ging es um Menschenleben, vor allem um Kinder die am verhungern waren – flogen wir mit der nächsten Maschine nach Paris-Orly. Von dort weiter ins Büro von Präsident Rodhain beim Secours Catholique in der Rue du Bac. Er selbst war im Urlaub in Vittel, wo ich ihn telefonisch erreichte und über unser Vorhaben informierte. Außerdem rief ich Herrn Dr. Ludwig Geißel vom Diakonischen Werk in Stuttgart an, denn die Aktion war auf ökumenischer Basis konzipiert. Er kam sofort und nach einigen Tagen intensivster Verhandlungen – alles hatte ich mir im Leben vorstellen können, aber nicht aktiv am Kauf von Flugzeugen beteiligt zu sein – konnten wir mit Hilfe von Herrn Geißel eine Super Constellation und eine DC-7 kaufen. Jede Maschine kostete 75.000 US-Dollar. Damit verfügte die „Lufthilfsflotte" über fünf Flugzeuge. Der Kauf wurde mit der Beratung des Justitiars von Swissair in Zürich abgeschlossen. Übernommen wurden die Flugzeuge von Herr Henry Warton.

Henry Warton, eine deutscher namens Heinrich Wartsky, war im Zweiten Weltkrieg nach Amerika gegangen und hatte dort in der Luftwaffe gedient. Nach dem Krieg gründete er eine Fluggesellschaft, die alles was es auf dem Markt gab dorthin transportierte, wo es gebraucht wurde – von Stockfisch über Blumen bis Waffen. Seiner Meinung nach benötigten die Menschen in Biafra sowohl Nahrungsmittel als auch Waffen. Für die Caritas und das Diakonische Werk war er allerdings vertraglich verpflichtet, nur Hilfsgüter zu transportieren.

Flug nach Sao Tomé mit Direktor Geißel vom Diakonischen Werk

Mit einer dieser Maschinen starteten Herr Geißel und ich nach Lissabon. Von dort flog ich anderntags weiter nach Sao Tomé. In der Nacht ergab sich eine Gelegenheit mit Tony Byrne nach Biafra zu fliegen. Trotz eines Gewitters landete der Pilot sicher auf der provisorischen Piste von Uli, die nicht mehr war als eine holprige, breite Straße, die nachts mit einigen Öl-Lampen spärlich beleuchtet war. Ich weiß heute nicht, was die Piloten stärker antrieb: Abenteuergeist oder Wille der eingekesselten Bevölkerung zu helfen. Mut wurde auf diesen Nachtflügen mit fast unbeleuchteten Flugzeugen, die immer wieder von nigerianischen Truppen unter Beschuss genommen wurden, auch von den Passagieren gefordert.

In dieser Nacht sahen wir viele ausgehungerte Kinder, mit ihren durch Hungerödeme aufgedunsenen Bäuchen und den spindeldürren Gliedmaßen neben ihren erschöpften Müttern liegen, deren Bilder mitleiderregend durch die Weltpresse gingen. Ihnen Auge in Auge gegenüber zu stehen war allerdings noch einmal etwas anderes und tief erschütternd

Die neu erworbenen Flugzeuge machten den in Biafra tätigen irischen Missionaren Mut. Sie erklärten: „Wenn ihr Proteine einfliegt, pflanzen wir im ganzen Land Yamafrüchte als Kohlehydrate an und mischen beides zu einer angereicherten Kost. Wir verwandeln alle Schulen in Feeding Centers, um möglichst viele Menschen am Leben zu erhalten."

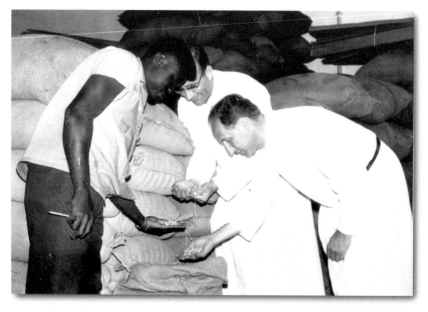

Wertvolle und überlebenswichtige Nahrungsmittel wurden unter lebensgefährlichen Bedingungen über die Luftbrücke nach Biafra eingeflogen

Bald gruppierten sich auf internationaler Ebene 35 kirchliche Werke unter dem Namen Joint Church Aid mit Sitz in Bern. Katholischer Koordinator war Carlo Bayer. An den gefährlichen Nachtflügen beteiligten sich mehrere Fluglinien. Das ging bis Ende 1968 und das ganze Jahr 1969. Am 15. Januar 1970 erfolgte schließlich die Kapitulation Biafras in Lagos. Der biafranische General Ojukwu war geflohen und sein Stellvertreter unterzeichnete die Urkunde mit dem nigerianischen Präsident Gowon.

Es erwies sich als gut, dass Prälat Rodhain im Februar und ich im April 1969 General Gowon in Lagos einen Besuch abgestattet hatten, um den Anschein politischer Einseitigkeit zu vermeiden.

Rodhain und ich wurden nun am 12. Januar 1970 zu einer Audienz bei Paul VI. nach Rom gebeten. Er beauftragte uns, nach Lagos zu fliegen und von dort in das ehemalige Biafra zu reisen. In Lagos wohnten wir in der Nuntiatur, der Vertretung des Heiligen Stuhls beim nigerianischen Staat. Es dauerte mehrere Tage, bis der Chief Chaplan uns die Militärpässe für eine ungehinderte Weiterreise besorgen konnte. Als es so weit war, wurde ein Auto mit Fahrer gemietet, nigerianisches Geld in Höhe von 100.000 DM eingewechselt (denn sie hatten im aufgelösten Staat nur biafranisches Geld, das völlig wertlos war). Die Reise von Kommandant zu Kommandant war abenteuerlich. Zum Teil reisten wir auf einem provisorischen Floß über den riesigen Niger. Schließlich gelangten wir mit einem Major als Eskorte nach Onitsha im heutigen Bundesstaat Anambra und besuchten dort Erzbischof Francis Arinze, der sich in einer Pfarrei tief im Busch aufhielt. Bei unserem Eintreffen herrschte Erstaunen und Freude. Wir übergaben das Geld und besuchten das Kinderkrankenhaus Okporo, das von P. John Doyle geleitet wurde. Es war alles intakt. Die siegreichen Truppen hatten sich auf strenge Anweisung von Gowon vollkommen korrekt verhalten und keine Zerstörungen angerichtet. Nach einigen Wochen wurden die weißen Missionare ausgewiesen. Die einheimischen Priester aus dem Stamm der Ibo übernahmen unverzüglich die Leitung der Kirche unter der Verantwortung ihrer einheimischen Bischöfe und der Leitung von Erzbischof Arinze. Letzterer wurde 1985 zum Kurienkardinal in Rom ernannt.

Eine große Aufgabe blieb: Die Rückführung von 4.000 Kindern. Sie waren in einem Zustand äußerster Unterernährung mit den zurückkehrenden Hilfsflugzeugen nach Sao Tomè (1.000) und besonders nach Libreville, der Hauptstadt Gabuns, (3.000) ausgeflogen worden. Unter der erfahrenen Leitung von P. Jean Pierre Ruhlmann war eine ganze Barackenstadt mit Wohnungen, Schulen und einem Hospital bei km 11 auf der Straße nach Lambarène gebaut worden. Die Kinder hatten eine vorzügliche Schulbildung erhalten. Sie waren weiter in ihrer Muttersprache unterrichtet worden, hatten ihre Ibo-Kultur und ihre Lieder behalten – es war ihnen nichts genommen worden. Im Laufe des Jahres 1970 konnten alle Kinder zurückgeführt werden. Sie gingen bestens genährt und gewappnet mit ihren Schulzeugnissen, zweifacher Garnitur Bekleidung und Nahrungsmitteln als Geschenk für ihre Familien auf die Heimreise. Die Frage war, werden diese Kinder in ihrer Heimat wieder integriert werden können? Dr. Specht hat da sehr gut verhandelt. Beim ersten Transport, der die Kinder zurück brachte, war Präsident Gowon am Flugzeug, um sie zu empfangen. Wir hatten die Hoffnung, dass sich das Schicksal dieser Kinder zum Guten wenden würde.

Im eigens errichteten Kinderheim und Hospital in Libreville (km 11 an der Straße nach Lambarene) wurden die aus Biafra ausgeflogenen Kinder bis zu ihrer Rückkehr in die Heimat betreut. Obwohl es viele Angebote gab, hat man vermieden, die Kleinen aus Afrika in ein europäisches Land zu bringen. Damit wurde eine Entwurzelung der Kinder vermieden.

Im Nachhinein die Gründe und die Motivation für unser Handeln zu erklären ist eigentlich sehr einfach. Wir haben das getan, was notwendig war, keine Zeit verloren. Es ist wie beim Samariter in der Bibel, der hatte auch keine Zeit nachzudenken – hätte er nachgedacht, hätte er es nicht gemacht. Er hätte tausend Gründe gefunden, diesen armen niedergeschlagenen Mann liegen zu lassen. Er hat nicht nachgedacht und als er den Mann schließlich auf dem Esel hatte, dann hat er nachgedacht. Was mach ich jetzt mit dem. Da fiel ihm die Herberge ein und er hat ihn dorthin gebracht.

So haben auch wir mit Caritas Internationalis einfach geholfen, haben Hilfsgüter ein- und halb verhungerte Kinder ausgeflogen – 4.500 Flüge waren es insgesamt.

Abflug von Frankfurt nach S. Thomé. Georg Hüssler ein unermüdlicher Reisender in Sachen Nächstenliebe.

Dabei fällt mir noch ein bewegendes Erlebnis ein. Bei einem der Rückflüge nach Deutschland wurde mir ein besonders schwer krankes Kind mitgegeben, das in einem deutschen Krankenhaus operiert werden sollte. Ich hielt es die ganze Zeit im Arm und während es kläglich vor sich hin wimmerte versuchte ich dem Kind zwar liebevoll, aber doch mit vernünftigen Worten zu erklären, dass bald alles gut werden würde – was das arme kleine Wesen natürlich nicht verstand. Am Flughafen angekommen, nahm mir eine Mitarbeiterin das Kind ab, schloss es in die Arme und beruhigte es mit einem Singsang aus unsinnig erscheinenden Wortsilben, den Mütter und Frauen aus aller Welt beherrschen. Das Kind verstand und hörte auf zu wimmern. Ich stand wortlos und staunend dabei und dachte mir, dass uns Männern doch einiges Wissen von Natur aus verweigert wurde.

Die Routinearbeit in der Zentrale des DCV nahm wieder ihren Lauf und 1975 wurde ich Präsident von Caritas Internationalis, mit der ich die ganzen Jahre hindurch so eng zusammengearbeitet hatte.

Diese Doppelbelastung ließ mir nie mehr die Zeit für derart intensive und ausgedehnte Reisen in Krisen- und Kriegsgebiete. Die Tätigkeit übernahmen jüngere und ebenso engagierte Mitarbeiter von Caritas international. Mir verblieb die interessante wie verantwortungsvolle Arbeit am Schreibtisch zwischen Rom und Freiburg.

10 Der Abschied

Es kam das Jahr 1989, das Jahr der Wiedervereinigung Deutschlands. Die Caritas in der DDR war hervorragend organisiert. Sie war daher sofort nach dem Beitritt der DDR zur BRD in der Lage, das vorhandene System ausbauen und Strukturen zu erweitern, wie zum Beispiel Sozialstationen, die vorher nur in sehr bescheidenem Maße vorhanden waren. Vom Westen wurden die notwendigen Mittel zur Verfügung gestellt, das Personal war vorhanden. Es konnte aus- und weitergebildet werden.

1990 – ich wurde nun 70 – kam für mich die Zeit, mich zurückzuziehen. Ich habe rechtzeitig den Zentralvorstand informiert, dass ich nur noch bis Mai 1991 als Präsident tätig sein würde. Bis dahin musste ein neuer Präsident gefunden werden. Die Wahl fiel auf Helmut Puschmann. Er hatte sich nie Präsident der Caritas der DDR nennen lassen. Nur wenn ich rüberkam, war ich der Präsident der Deutschen Caritas. Wir haben also die ganzen Jahre die Fiktion einer einheitlichen deutschen Caritas aufrechterhalten. Diese Fiktion wurde nun Wirklichkeit und Helmut Puschmann Präsident des Deutschen Caritasverbandes. Er konnte sofort die Geschäfte übernehmen und wir hatten keine Probleme mit der Anpassung von Ost und West.

Amtsübergabe an Helmut Puschmann am 23. April 1991

Eine Zeit lang war ich Ehrenpräsident der Caritas Internationalis, limitiert auf vier Jahre. Nach den vier Jahren erfolgte vom Vatikan meine Ernennung zum Assistente Ecclesiastico, die dann noch einmal verlängert wurde. In Rom hatte ich damit noch eine Funktion, die es mir erlaubte, an den wichtigsten Gremien – Präsidium, Exekutiv Komitee, Generalversammlung – teilzunehmen. Zwar ohne Stimme aber mit Sitz und das war in kritischen Zeiten gar nicht unwichtig. Beim Deutschen Caritasverband hatte ich seit 1991 keine Funktion mehr.

Eine ganz persönliche Erinnerung an Dr. Hüssler

Dass ich einen Menschen wie Georg Hüssler im Leben kennenlernen durfte, empfinde ich als ein großes Geschenk. Ich bin ihm 1961 als junge Mitarbeiterin bei Caritas Internationalis in Rom begegnet und hatte das Glück, ihm seitdem in meinem Leben immer nahe gewesen zu sein. Seine Anwesenheit hat mir immer, auch in persönlich schwierigen Momenten, das Gefühl von Sicherheit gegeben. Er war meiner Familie sehr verbunden und wir haben auch privat fröhliche Stunden miteinander verbracht, zuletzt bei der Taufe meiner vierten Enkelin in Lörrach. Es war auch hier ein Notfall, denn um die Weihnachtszeit, als die Familie von fern und nah vereint war, fand sich kein Pfarrer, der dieses Aufgabe übernehmen konnte. Spontan, ganz in seiner fröhlichen Art, sprang er helfend ein. Da Taufen nicht zu den ihm geläufigen Amtshandlungen gehörten, ließ er sich bereitwillig vom geübten Messdiener assistieren. Es ist viel über Georg Hüssler geschrieben worden. Er selbst hat weniger geschrieben, sondern war allgemein als ein mitreißender Erzähler bekannt. Sein Lachen, wenn er von Dingen erzählte, denen bei aller Ernsthaftigkeit dennoch eine gewisse Komik anhaftete, bleibt denen, die es vernehmen durften, in Erinnerung. Er hat auch nie mit gehobenem Zeigefinger gesprochen, sondern immer mit Demut und Dankbarkeit von seiner Arbeit berichtet, die ihn ganz und gar erfüllt hat.

Ich hatte das Privileg, dass er mir einige wichtige und interessante Dinge, hauptsächlich von seiner internationalen Tätigkeit und seinen oft abenteuerlichen Reisen erzählt hat. Ich habe mir Notizen gemacht, zum Teil auch mitgeschrieben, und ihm dann vorgelegt. Andere Berichte habe ich der im Lambertus-Verlag veröffentlichten CD entnommen. Ich hoffe, dass es mir gelungen ist ein wenig den O-Ton von Georg Hüssler getroffen zu haben.

In den letzten Monaten seines Lebens war es mir vergönnt, ihm ganz besonders nahe zu sein. Ich habe ihn so oft wie möglich im St. Anna-Stift in Freiburg besucht. Er wurde dort in der Krankenabteilung aufopferungsvoll von Frau Maria Engesser umsorgt die von 1969 bis zu seinem Umzug ins St. Anna im Jahr 2002 seinen

Haushalt geführt hatte. Sie war ihm unter Aufgebot aller Kräfte – sie ist nur wenige Monate jünger als Georg Hüssler – bis zur letzten Stunde eine getreue Begleiterin.

Das Zusammensein mit ihm – auch wenn er kaum noch gesprochen hat – war immer schön. Das mag in Bezug auf den Besuch bei einem schwerkranken Menschen seltsam klingen. Aber so war es. Ich habe das Krankenzimmer nie traurig verlassen, sondern immer dankbar. Seine Demut und Geduld, mit der er seine Krankheit ertragen hat und dennoch bis zuletzt am Leben anderer interessiert war, werde ich nie vergessen.

Um einen Gesprächsstoff zu finden, habe ich kurz vor seinem Tod versucht, mit ihm über den Rücktritt von Papst Benedikt XVI. zu sprechen. Er fand es in Ordnung und in Bezug auf die anstehende Papstwahl meinte er: „Es wird schon der richtige kommen." Er hatte Recht – wie meistens.

Georg Hüssler (1921–2013)

Georg Hüssler wuchs in Straßburg auf, sein Vater war Elsässer, seine Mutter kam aus Baden. Er studierte zunächst Medizin. Nach seinen Erfahrungen als Sanitätssoldat im Zweiten Weltkrieg begann er 1946 das Studium der katholischen Theologie am Collegium Germanicum in Rom.

Am 10. Oktober 1951 erhielt er die Priesterweihe. Nach seiner Promotion holte ihn 1957 der damalige Caritas-Präsidenten Alois Eckert als Assistent nach Freiburg.

1959 bis 1969 wurde er Generalsekretär des Deutschen Caritasverbands, von 1969 bis 1991 Präsident. Darüber hinaus war er zusätzlich in den Jahren von 1975 bis 1983 auch Präsident von Caritas Internationalis in Rom, der Dachorganisation aller Caritasverbände. Zuletzt war er Caritas-Ehrenpräsident.

Der Papst ernannte Georg Hüssler zum Päpstlichen Ehrenkaplan (Monsignore), später zum Prälaten. 1991 erfolgte die Ernennung zum Ehrenbürger der Stadt Freiburg im Breisgau. Zudem wurden ihm das Bundesverdienstkreuz der Bundesrepublik Deutschland, die Verdienstmedaille des Landes Baden-Württemberg sowie 2010 die Solidarność-Medaille der Republik Polen verliehen. Er war Mitglied im Ehrenrat von AMCHA Deutschland, der zentralen Organisation für die psychosoziale Hilfe von Überlebenden des Holocaust und ihren Nachkommen in Israel.

Namensregister

Aguyi-Ironsi, Johnson, 82
Altekoster, Alois, 70
Andres, Stefan, 18
Arinze, Francis, 89
Baldelli, Fernando, 18, 38
Balewa, Abubakar Tafawa, 82
Baumeister, Walter, 34
Bayer, Carlo 18, 20f, 34, 38, 58, 77f, 84, 89
Ben Bella, Ahmed, 38
Bianchi, Lorenzo, 50
Böhle, Cacilia, 25, 52
Borgmann, Karl, 25
Bornitz, Maria, 25
Braun, Sigismund von, 9
Brecklé, Isidor, 38
Byrne, Tony, 84, 86, 87
Cassaigne, Jean, 49f
Ceausescu, Nicolae, 59
Cicognani, Amleto Giovanni, 57
Dam Huong, 55f
Dam Luu, 56
Dammert-Bellido, José, 81
De Gaulle, Charles, 37f
Dell'Acqua, Angelo, 57
Denis, Elisabeth, 25
Discher, Hannelore, 48, 70
Discher, Raimund, 48, 70
Discher, Susanne, 48
Döpfner, Julius, 56
Do-Thanh-Vi, Andreas, 41

Doyle, John, 89
Duval, Leon-Etienne, 38, 39f
Eckert, Alois, 20, 23f, 30, 34, 41, 97
Ehrhard, Ludwig, 30
Engesser, Maria, 6, 96
Erb, Alfons, 31
Fabian, Anne-Marie, 56
Fabian, Walter, 56
Foucauld, Charles de, 19f, 24, 42, 81
Frings, Joseph, 31
Geißel, Ludwig, 86f
Goswina, Schwester, 23
Gowon, Yakubu Dan-Yumma, 83, 89f
Gröber, Conrad, 18
Gundlach, Gundlach, 20
Ha Van Lau, 62
Ha Van Lau, 70
Hanf, Theodor, 4
Heilmeyer, Ludwig, 41
Hirt, Generalvikar, 20
Ho Chí Minh, 43f, 45, 61, 64f, 68,f, 70ff
Höfler, Heinrich, 25
Hünermann, Peter, 24
Hüssler, Franz, 14
Hüssler, Rosemarie, 14
Johannes XXIII., 30, 34
Johnson, Lyndon B., 44f, 52
Jörger Kuno, 25, 32
Kessel, Albrecht von, 10
Kiene, Maria, 25
Kissinger, Henry, 70

Krainick, Elisabeth, 48, 70
Krainick, Horst-Günther, 48, 70
Kramer, Hannes, 33f, 52, 81
Krieg, Paul Maria, 10, 17
Kühl, Lothar, 84
Lang, Mathilde, 6
Le Duc Tho, 70
Le Masne, Henry, 37ff
Lemaitre, Henry, 54f
Luckner, Gertrud, 24f
Mann, Gustav von, 25
Mao Zedong, 47, 59, 60, 69
Max, Güde, 38
Mc Namara, Robert, 52
Morellet, Yves, 48
Ngo Dinh Diem, 42
Ngo Dinh Thuc, 42, 48
Nguyen Kim Dien, Philippe, 42, 48, 52, 62, 72
Nguyen Van Binh, Paul, 42, 48, 49, 62
Nguyen Van Thuan, Francois-Xavier, 42, 48, 54f
Niemoller, Martin, 56, 58, 59, 63, 65, 66f, 68, 70
Ochsner, Heinrich, 24
Ojukwu, Chukwuemeka Odumegwu, 82, 89
Paul VI. 57, 58, 62f, 66, 69, 89
Pham Van Dong. 64
Puschmann, Helmut, 93
Raab, Larry, 86
Reisch, Erich, 25
Rintelen, Jürgen, 24
Rodhain, Jean, 34f, 40, 52, 69, 77, 86, 89
Ruhlmann, Jean Pierre, 90
Salesbury, Harrison 64
Scharff, Kurt, 56
Schäufele, Hermann, 34, 51, 58

Scheu, Joseph, 55, 84
Schmidle, Paul, 77
Schnydrig, Ernst, 31
Schober, Theodor, 56
Scholz, Hans, 68
Schütz, Ulrich, 24
Sigismondo, Pietro, 57
Silva-Henriquez, Raúl, 79
Specht, Georg, 50f, 68, 71f, 90
Spellman, Francis, 65
Stehlin, Albert, 29, 34, 52, 56, 57f, 68, 77, 83
Teilhard de Chardin, Pierre, 58
Tenhumberg, Heinrich, 81
Teusch, Josef, 77
Tin Bic, 56
Tong Tan Tin, 63
Trinh Van-Can, Joseph-Marie, 66
Ulbricht, Walter, 26
Urrutia, Jean-Baptiste, 41
Vath, Carl, 50f, 68
Voillaume, René, 19
Vorgrimler, Martin, 25f, 29, 35, 52, 57
Warton. Henry, 86f
Weber, Rosa, 24
Weizsäcker, Ernst von, 9, 10
Weizsäcker, Heinrich von, 9
Weizsäcker, Richard von, 9
Welter, Heribert, 73
Werenfried van Straaten, 29f
Wischnewsky. Hans-Jürgen, 70
Wollasch, Hans, 25f, 33
Wopperer, Anton, 25
Wüstenberg Bruno, 10, 57, 70
Zinke, Johannes, 26f

Bildnachweis

- Archiv des Deutschen Caritasverbandes (9, 14, 18, 19, 53, 55, 61, 71, 75, 85, 87, 88, 90, 91, 93)
- https://commons.wikimedia.org/wiki/File:Vatican_2.jpg (8)
- https://upload.wikimedia.org/wikipedia/commons/9/93/Rome_Campo_Santo_Teutonico_07.jpg
  http://commons.wikimedia.org/wiki/File:Rome_Campo_Santo_Teutonico_08.jpg (12)
- Christina Callori-Gehlsen (15, 21)
- http://commons.wikimedia.org/wiki/File:Pontificia_Universit%C3%A0_Gregoriana_-_Roma_-_Facciata_2.jpg?uselang=de (17)
- http://www.google.de/imgres?imgurl=http%3A%2F%2Fwww.freiburg-postkolonial.de%2Fpics%2FKolonialeiche9.jpg&imgrefurl=http%3A%2F%2Fwww.freiburg-postkolonial.de%2FSeiten%2Fwerthmannplatz.htm&h=667&w=500&tbnid=Jto-aXrsAtthhM%3A&zoom=1&docid=jdxjF2jJc-v06M&ei=qzOWVaPqO6GTyQPg1rrABQ&tbm=isch&iact=rc&uact=3&dur=756&page=1&start=0&ndsp=27&ved=0CFwQrQMwEw# (23)
- https://commons.wikimedia.org/wiki/Category:Ho_Chi_Minh#/media/File:Ho_Chi_Minh_1946.jpg (64)
- https://commons.wikimedia.org/wiki/File:Martin_Niem%C3%B6ller_%281952%29.jpg?uselang=de (67)
- http://naqaacme.tumblr.com/quotations-from-chairman-mao-zedong (69)

Die Autorin

Christina Callori-Gehlsen, 1940 in Rom geboren, Abitur in Dresden, Studium in Rom – Deutschland und Italien sind gleichermaßen Heimat der Autorin und Übersetzerin. Schon während des Sprachstudiums an der *Scuola Interpreti* in Rom begann sie halbtags ihre Arbeit bei Caritas Internationalis, damals noch in der Via della Conciliazione. Nach Abschluss des Studiums war sie dort ganztätig beschäftigt und an verschiedenen Katastropheneinsätzen aktiv beteiligt (z. B. 1963 in Skopje, später Anatolien und Sizilien) 1980 aus familiären Gründen Umzug nach Freiburg und Wechsel zum Deutschen Caritasverband. Hier bis 2003 halbtags in der Bibliothek beschäftigt. Heute arbeitet Christina Callori-Gehlsen als freie Autorin, Lektorin und Übersetzerin. Sie lebt mit ihrer Familie in Lörrach.

Lorenz Werthmann

Am 1. Oktober 1858 wurde in Geisenheim im Rheingau Lorenz Werthmann geboren, der im Jahr 1897 den Deutschen Caritasverband gründete. Tief bewegt durch seinen Glauben schaffte er es, die caritativen Initiativen der katholischen Kirche unter einem Dach zu vereinigen. Studieren, Publizieren und Organisieren waren sein bis heute gültiges Erfolgsrezept, um den drängenden sozialen Fragestellungen, die ihn sein Leben lang beschäftigten, Gehör zu verschaffen.

Dieses Buch gibt Einblicke in das Leben und Schaffen des großen Visionärs und Machers der verbandlichen Caritas, eines Vordenkers des Sozialen und eines genialen Netzwerkers für die Nächstenliebe.

Lorenz Werthmann
Caritasmacher und Visionär
2008, 120 Seiten
mit zahlreichen sw-Abbildungen
€ 9,90
ISBN 978-3-7841-1853-6

www.lambertus.de

SOZIAL | RECHT | CARITAS